JN114841

就活の基礎

大学キャリア・就職担当職員が伝えたいこと

TSUNODA Takenori
角田剛紀

Basics of
job hunting

What university careers
and employment staff
want to tell students

文芸社

本文イラスト　直美&輝美

はじめに　——大学のキャリア・就職担当職員とは

この本は、大学の職員が学生の皆さんにキャリア・就職活動について記したものです。どの大学にもキャリアセンターや就職課などの、キャリアや就職に関係する部署があると思います。

学生の皆さんは、その部署を頼りにする人もいれば、全く行ったこともない人もいるでしょう。また、一度くらいは行かなきゃ、あるいは、ちょっと行きにくいところという感じかもしれません。

キャリア・就職担当の部署は、学生の皆さんのキャリア・就職の活動を支援する部署です。

キャリア・就職担当の部署について、分かりやすいように医者にたとえてみましょう。なぜ医者が適切な診断と治療ができるのでしょうか。大きく二つあると思います。

一つ目は、大学の医学部を卒業し、国家試験に合格しているからです。

二つ目は、たくさんの患者を横断的に診ているからです。たくさんの患者を診察・治療してきた経験があるので、この患者をどのように診てどのように治療すればいいか察しがつきます。患者の症状や怪我の状態を診たり問診したりすることと、これまでの経験とを組み合わせて、どのように治療すれば最善かを判断できます。治療が効かなければ、次の手、また次の手があります。

医者とは全く職場も仕事内容も違いますが、大学のキャリア・就職担当職員も、数多くの企業や採用担当者、そして学生さんに横断的に接しています。

企業の採用担当者は、基本的に自分が属する企業の事情しか知りません。けれども、大学のキャリア・就職担当職員は、少なくても一年に数十社、数年で数百社の企業の方と面会しています。そこでは企業の採用状況や、学生さんの動向などについて情報交換をします。採用については、面接の回数や内容、エントリーシート・適性検査の有無とその重要度、その年の業界全体の動き、応募する学生の状況など、たくさんの話を聞きます。

多くの企業に接してきた経験により、○○業界や☆☆会社の適性検査と面接の傾向、面接試験で□□会社は入室時や態度などのマナーを評価しているとか、△△会社はマナーよりも会話のキャッチボールを重要視しているといったようなことについて、情報を持っていますし勘も働きます。仮に、採用選考の面接を受ける際にマナーのことだけしか考えていなかったら、会話を重視する△△会社は上手くいかないでしょう。事前にキャリア・就職担当部署に相談に来ていたら、その対策の支援をできます。

キャリア・就職担当職員は、毎年たくさんの学生の皆さんを見ているので、様々な学生さんに対応できます。例えば、A研究室の学生さんには、その人の長所と短所を踏まえて伝えると効果が高いとか、B研究室の学生さんにはこの方法がよく効くということを、経験的に使い分けられます。学生個々にも、一人ひとりの相談状況に応じて対応することも可能です。

ただ、相談に行ったとしても、一回ではすべてが解決しないこともあります。その場合でも、キャリア・就職担当職員には他の支援方法がありますから、諦めずに続けて相談に来て下さい。

また、キャリア・就職担当職員は、他の多くの大学職員とも交流する機会があり、情報交換しています。


この本では、キャリア・就職担当職員としての私のこれまでの経験から、大学のキャリア・就職担当職員が学生の皆さんになかなか分かってもらえない就職活動の基礎的なことを、教育的な配慮を含めてできるだけ分かりやすくお伝えします。

私自身の経験として、多くの採用担当者と学生、他大学の職員と接していると、企業が求めるものと学生の皆さんの考えに差があると感じます。その差を、ガイダンスなどの講座でお伝えできることはあっても、それは一部分であり、時間をとって多くを伝えることはできません。本ならば、学生の皆さんが自由に時間を選んで、また必要な時に活用することができるので、このたび『就活の基礎』と題して綴った次第です。

大学にはたくさんの部署があります。どの大学も、入試、授業、学生生活、就職、図書館、研究、広報、人事、経理、施設などに対応する部署があり、大学職員は人事異動で複数の部署を経験します。私自身はキャリア・就職だけでなく、大学の広報も経験し、高校訪問では高校生たちに会い、他には、大学での入試、授業運営、さらに大学院の博士号取得の業務なども経験しました。つまり、大学に入学前から、大学を卒業後の学生さんに接し、それぞれの置かれた立場を見てきました。この本は、それらの経験も踏まえて、学生の皆さんが就職活動をするにあたり、何が必要なのか、何を分かってほしいのかを執筆しました。

学生の皆さんが、是非この本を活用して下さり、就職活動の成功と充実したキャリアが送れることを、心よりお祈り申し上げます。

就活の基礎　目次

就職活動の備え 051

企業へのコンタクト 097

実践と内定後

一 事前学習・心構え

00 この本の使い方

初めに、この本のお薦めの使い方をお伝えします。

この本の構成は、就職活動の基礎をテーマごとに分けて記載し、ほとんどのテーマにワークが付いています。読んで理解し、ワークで身に付ける流れとなっています。

また、それぞれのテーマの最初にポイントを載せています。要点をつかむのと、振り返る時に有効になるでしょう。

ワークはこの本に書き込むのではなく、ノートやパソコンなどに書いて下さい。就職活動を続けていると、振り返って書き換えることがあるためです。

次に、この本を活用する時期に関して述べます。

大学一年次、二年次では、キャリアや就職活動、また社会に出ることに向けての考え方の一助になるので、通して読むだけでも効果が期待できます。最初は難しいと感じても、理解することに努めて下さい。

三年次は、就職活動の準備のため、就職活動の基礎を体得するのに非常に有用です。まずは一通りこの本で、基礎とキャリア・就職活動を理解し、ワークを行いましょう。その上で、大学で行われるキャリア・就職行事に出席して下さい。そうすれば相乗効果となり、なぜ自己分析が必要なのか、業界・企業研究をどのように行えばいいか、面接対策の仕方などの理解をさらに深めてくれるでしょう。

なお、大学のキャリア・就職行事は非常に大事です。それぞれの大学で、長年にわたり学生さんを支援した蓄積を、その大学の行事に注ぎ込んで提供しているからです。学生の皆さんにとっては、その行事に出席することが内定への一番の近道です。

就職活動の直前対策としても有効です。

採用選考で課される書類審査（エントリーシート・履歴書）と面接などについて、この本は基礎を述べていますが、基礎を外した応用はありません。基礎を復習するために活用できます。

また、四年次で就職活動に出遅れてしまい、これから準備する場合は、基礎を素早く理解するのに役立ちます。ただし四年次の場合は、卒業するまで時間がありませんから、この本を活用するのと同時進行で、大学のキャリア・就職担当部署に必ずと言ってもいいほど相談しましょう。この本で基礎を踏まえ、大学のキャリア・就職担当部署であなたに合った支援をしてもらい、同時にあなた自身が活動することが、進路決定につながるからです。

就職活動中で、活動に行き詰まった時には、行き詰まった該当箇所の項目を復習して下さい。場合によっては、これまでに書いたワークの内容を修正することで見直しもできます。

大学院生への進学を希望している場合についてですが、就職活動の準備は、大学院に進学してから始めるのではなく、学部生のうちに始めましょう。この本で基礎を理解し、学部生の時に、大学のキャリア・就職行事に出席して下さい。なぜかというと、大学院に進学すると、研究活動や後輩の指導、教員からの依頼などで忙しくなり、場合によっては就職活動に時間を割けなくなるからです。そうなる前の学部生の時に、就職活動の流れを知り、適性検査、エントリーシート・履歴書、業界・企業研究、面接などの準備を済ませておけば、大学院の時の実際の就職活動は、最終的な企業（進路先）選択を残すのみとなります。

就職活動に関する本はたくさんありますから、この本の他にも、自分に合うもの、必要なものを併せて使うのもいいでしょう。ただ、あまり多くに手をつけすぎないことです。就職活動に答えはありません。言い方を変えると、就職活動はマスターするというものではなく、できるだけ自分に合った企業から内定を得ればいいのです。つまり、最低限必要なものを活用すればいいでしょう。

また、公務員や教員など、企業以外の機関を進路に希望する場合も、この本は活用できます。字数の関係で本書ではすべて「企業」と書いていますが、多くの部分で「公共機関」や「学校」などと置き換えて読んで下さい。

01 学生の皆さんを取り巻く環境

ポイント
学生の皆さんが活躍する場は広大にあることと、雇用のあり方を理解する。

（一）働く場の今とこれから

学生の皆さんにとって、就職・キャリアとは、人生そのものと言っても過言ではありません。学生の皆さんの多くは、二〇代前半で大学を卒業し、その後、定年退職まで約四〇年間働くこととなります。小学校入学から大学卒業まで一六年間となると、働く期間はその倍以上です。また、日本人の寿命は約八〇歳ですから、その約半分が働く期間となり、人生の多くの部分を占めています。つまり、どこに就職し、どのようにキャリアを築くかが、その人の人生を物語っているとも言えるのです。これまでの学校生活も人生の大事な期間ですが、これからが人生の新たな出発と言えます。

日本の社会は、これから人口減と高齢化が進んでいきます。図1のとおり、現在の日本の人口は約一億二〇〇〇万人ですが、二〇六〇年には九〇〇〇万人を割り込むと予測されます。また現在、高齢化率は総人口に対して約三〇%ですが、二〇六〇年には四〇%まで上がります。人口が減り高齢者率が上がることは、労働人口も減ることを意味します。これは既に日本の社会問題となっていますが、学生の皆さんにとっては、それだけ社会で働く場が広がっているとも考えられます。

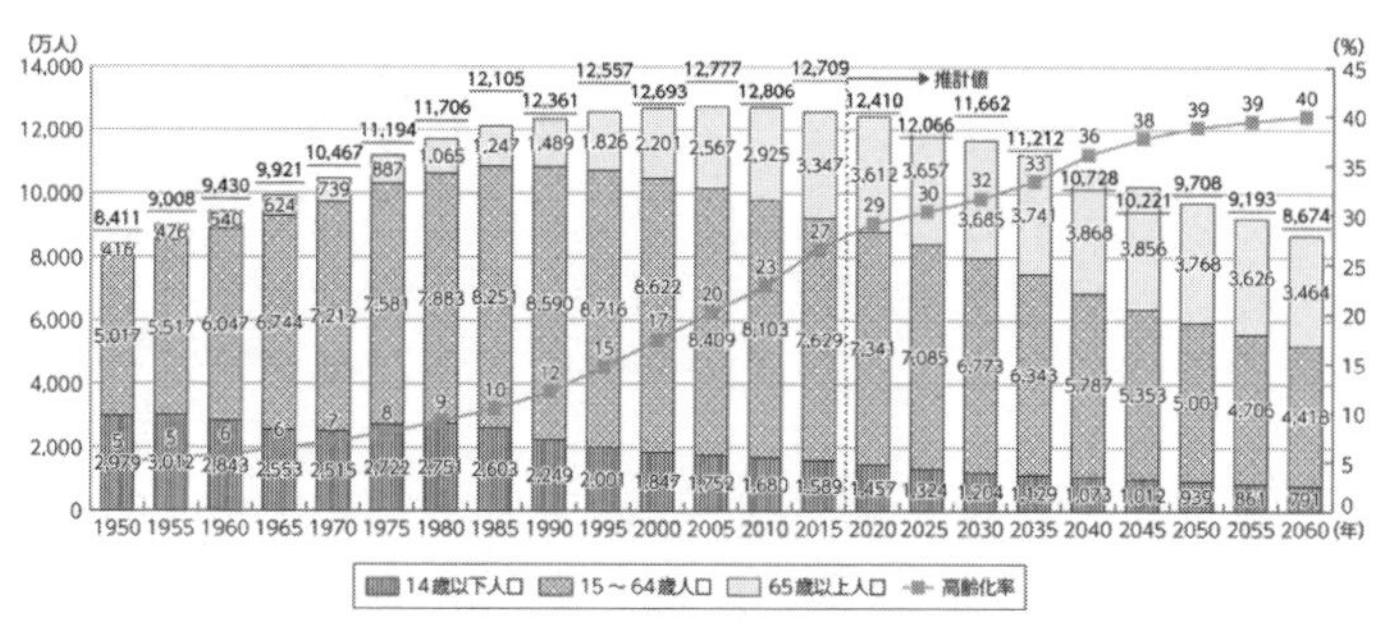

図1　総務省　情報通信白書

日本は世界で上位の経済・産業大国です。物に恵まれ、水が豊かで、自然に囲まれた国です。人々が生活していくには食料を含めた物資が必要です。また、水が綺麗なのも、山や川、珊瑚が生息する海が存在するのも、それを支える人と経済・産業があるからです。山や川、海といった自然に、直接ではなくても、どの産業も間接的に関わっています。

水を例にとれば、日本は水道水を飲むことができる世界でも数少ない国の一つです。水道水は自治体の水道局が管理していますが、水道局は下水道も管理しています。下水が処理されて、川に流れ、その川の水がまた水道水用に処理されます。その前提として、川が必要です。川の水は山から流れてきます。山から川に水が流れる環境を維持したり、山林やダムといった水を溜めておいたりする環境も必要です。川の水も質が保たれているか常にチェックされています。また、降水量が少なくなると、水の使用量を調整するために、節水を呼びかける仕事も必要です。このように、水一つとってもたくさんの人やシステムが絡んでいます。

何もせず放置したら、それらの環境は間もなく壊れるでしょう。そして、それらを維持するには、税金や水道料金などの多大な費用がかかっています。その費用は、働く人たちが稼いだ資金から賄われています。山や海などの他の自然も、必要な物資や支援が供給され続けているのも同じです。人々が支えることで保たれており、学生の皆さんが、これからそれらを支える一員となるよう、社会が必要としているのです。

社会は目覚ましく成長を続け、現在はIT社会がAI（人工知能）を生み出し、今後AIが多くの職業を奪うのではとも言われます。しかし、IT社会やAIが発達し、社会を成長させてくれるのは望ましいことです。今まで人間では解決できなかったことをAIが解決してくれたり、人間がやっていたことをAIが代わってくれたりするのなら、社会がさらに進歩したと言えるでしょう。

IT社会やAI化などが人間の活躍の場を完全に、あるいは大部分を奪うことはないと思います。かつても同じようなことがありました。一八世紀末以降の水力や蒸気機関による工場の機械化である第一次産業革命、二〇世紀初頭の分業に基づく電力を用いた大量生産である第二次産業革命、二〇世紀後半の電子工学や情報技術を用いた一層のオートメーション化である第三次産業革命といった産業革命（次頁の図2）が起こるたびに、人間の仕事が機械に取って代わるのでは？　という議論がありました。それから現在まで数十年から数百年が経ちましたが、そのようなことはありませんでした。今後も、ある場面では完全に、あるいは部分的にオートメーション化が進んでも、産業社会全体では、人間の仕事する場がなくなることはないでしょう。

ただ、時代はこれまでも、これからも変わり続けていきます。今ある能力で将来を約束されることはありません。私たちは社会に応えられる人となるべく、努力を続けていく必要があります。

（二）雇用について

次に、日本の雇用環境についてです。

日本の雇用は長らく〝終身雇用〟の制度が続いてきました。終身雇用とは文字どおり、企業に入社してから定年まで同じ企業で働くことを意味します。企業は定年まで雇用を保証し、従業員は解雇などの心配をすることなく仕事に打ち込めるというメリットがありました。

現在でも大卒採用では終身雇用が日本の雇用形態の中心的な制度となっていますが、第二次世界大戦以降の高度成長経済は終焉し、一九九〇年代にバブル崩壊で不景

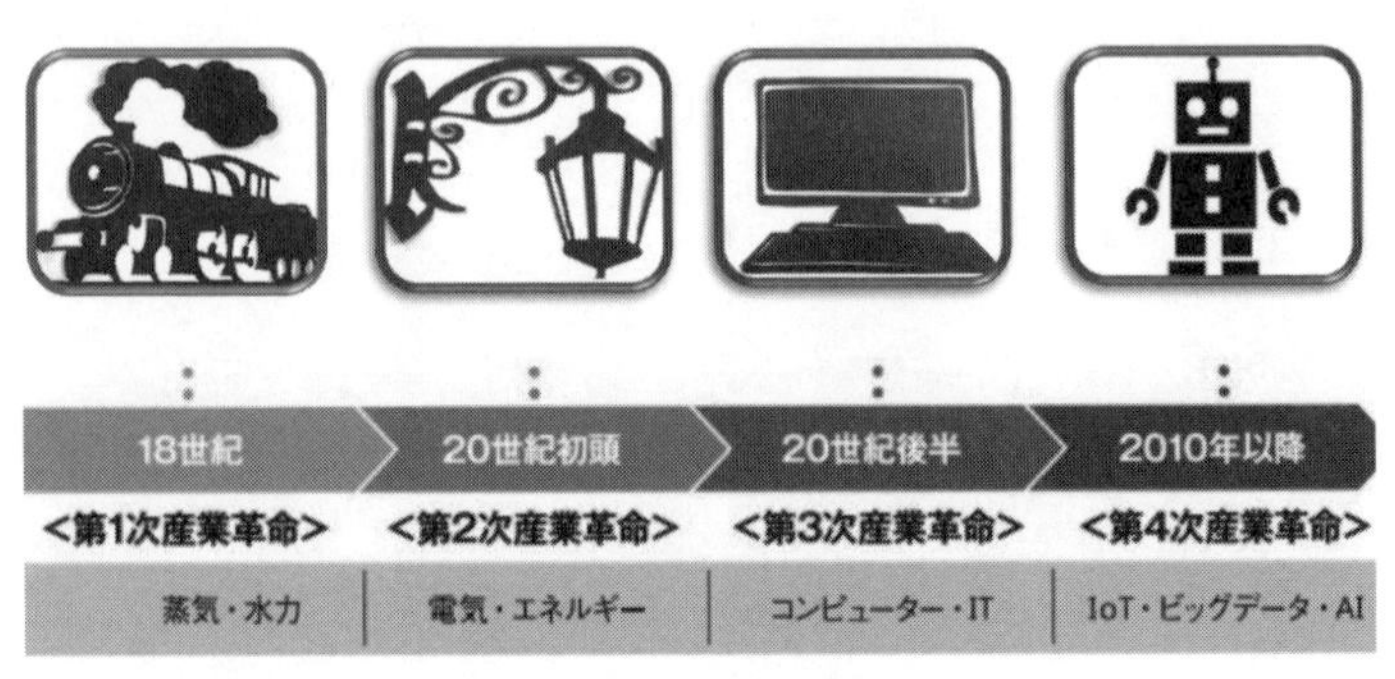

図2　産業革命

気となり、経済の低成長時代となりました。また、社会は人口減を背景に、大量生産の時代から多種多様な時代に推移しています。

そのため、企業は業績が悪くなると、吸収合併や人員整理、倒産が起こるようになり、従業員の終身雇用を必ずしも保てなくなってきました。企業からすると、業績に合わせて従業員を増減できる〝期間を定めた雇用〟形態の方が、都合がいいことになります。これが、社会で言われる「正規雇用」と「非正規雇用」です。正規は正規雇用のことで、非正規は派遣社員やパート、アルバイト（フリーター含む）のことを言います。

働く側からすると、両方にメリットとデメリットがあります。正規雇用のメリットは、先ほど述べたとおり、雇用が定年まで保証されていることで、デメリットは自分の考えより組織の方針・指示を優先したり、勤務地・所属部署を企業が決める傾向にあったりすることなどです。非正規雇用のメリットは、時により自分の意に合う企業や勤務日・時間を選択できることで、働き方の選択肢が比較的緩やかです。デメリットは、雇用期間の期限があることで、働く場を失うこともあります。

つまり、正規も非正規もそれぞれメリット・デメリットがあるので、その人の状況や考え方によって選べばいいのですが、問題なのは賃金格差があることと、一度非正規になると終身雇用を前提とした正規の雇用に切り換えるのが難しいことです。

賃金については、正規と非正規だと年収で約三〇〇万円、生涯賃金で約一億円の開きがあると言われます。非正規では、退職金や社会保険、各種手当てが支給されないケースも多く、これらが正規と非正規の格差と呼ばれることがあります。

この状況は数十年続いている社会問題です。国や政府も、働き方改革や同一労働同一賃金、有期雇用から無期雇用への転換を定めた労働契約法の改正など様々な対策を講じてきましたが、解消されないのが実状です。これからも徐々に解消されていくことと思いますが、時間はかかるでしょう。

学生の皆さんは将来を見据え、正規と非正規雇用があることを踏まえて、就職活動に活かして下さい。いずれにしても、特別な事情がなければ、卒業後に職に就かないより、就くように活動しましょう。職に就いた方が、その経験を活かした可能性が将来に生まれるからです。

02

キャリア・就職活動の考え方

ポイント

キャリアをデザインし、かつ偶然をステップアップの機会にする。企業の採用選考と、学校の入試は違う。

キャリア・就職のすべてにあてはまる答えはありません。答えはそれぞれの人にあります。ここで示すことを、その考え方の一助として下さい。

（一）キャリア・就職の理論

キャリア・就職の理論の一部分ですが、お伝えします。

初めに、「ライフキャリア・レインボー」（図3）という考え方があります。これは、キャリアは一生発展し続けるという理念のもと、ライフキャリアを年齢・役割（ライフロール）・場面（ライフステージ）の組み合わせであるとする理論のことで、一九五〇年代にアメリカの教育学者ドナルド・E・スーパーが唱えたものです。人は生涯にわたり、社会生活や家族の中において、経験や役割を積み重ねていきます。そうすることで人のキャリアは形成されてゆくという考え

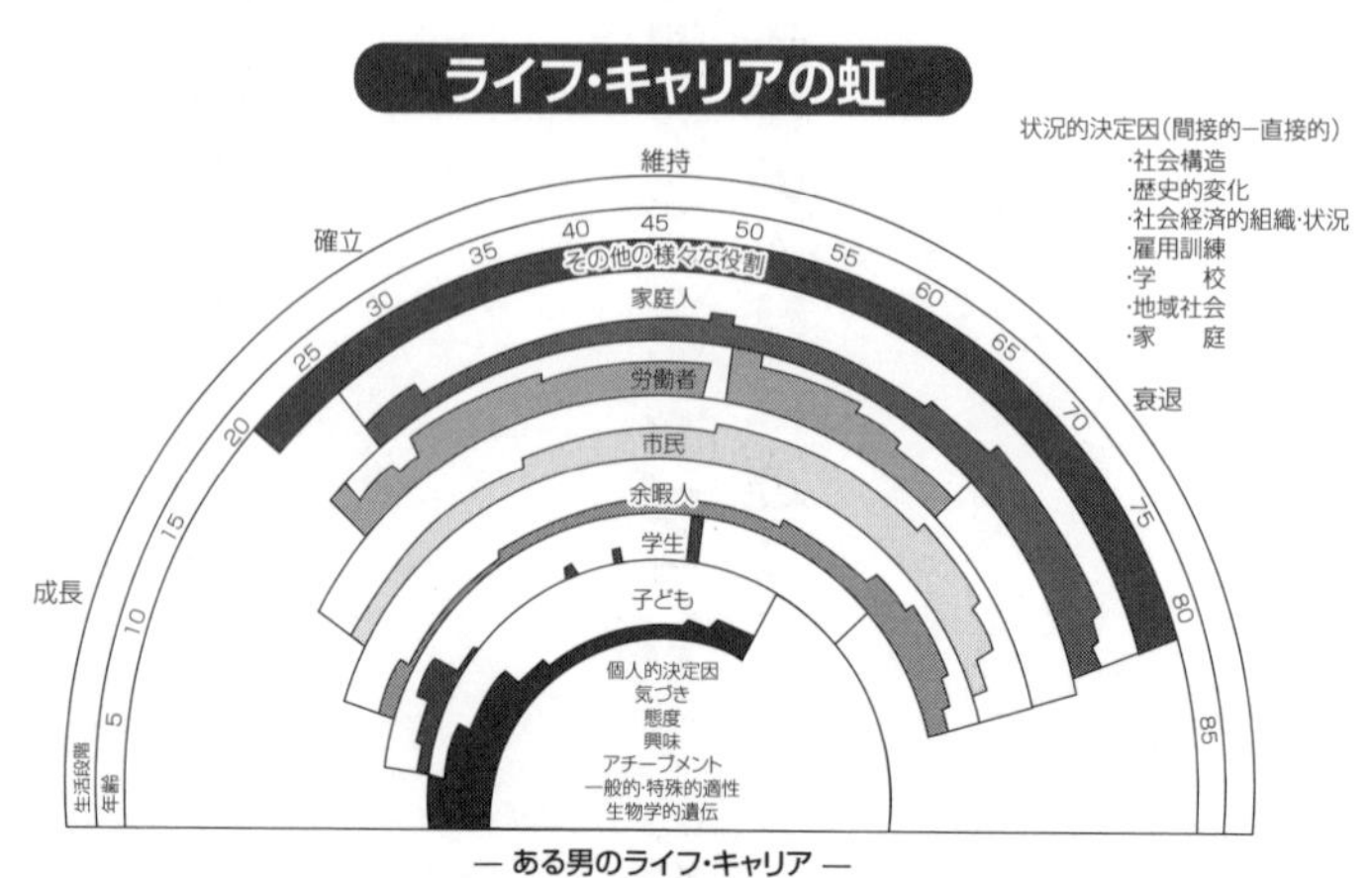

— ある男のライフ・キャリア —

「22歳で大学を卒業し、すぐに就職。26歳で結婚して、27歳で1児の父親となる。47歳の時に1年間社外研修。57歳で両親を失い、67歳で退職。78歳の時妻を失い81歳で生涯を終えた。」D.E.スーパーはこのようなライフ・キャリアを概念図化した。

図3　文部省『中学校・高等学校進路指導資料第１分冊』平成４年

方です。

図3を見ると、学生の皆さんの年代の二〇代前半から「労働者」としての役割が始まり、六〇代後半まで続いています。皆さんはそのスタート地点に立っているわけです。

また、「労働者」と重なる時期に、「その他の様々な役割」「家族人」「市民」「余暇人」が、年を追うごとに割合が増えていきます。これは、皆さんは「労働者」だけでなく、今後このような役割を担うことを意味します。働きながら、ある時は「家族人」として家事や育児をしたり、親の介護をしたり、ある時は「市民」として地域活動に時間を割くなど、その他の役割を担うことがキャリアの折々であることを示唆しています。

学生の皆さんには、卒業後のキャリアの計画を立ててほしいと思います。人生設計やキャリアデザインを描き、計画を立てることは、漠然と日々を過ごすことがないという意味で大変有意義です。

ただ、長いキャリアには、偶発的な出来事が多かれ少なかれ起こります。二〇世紀末にスタンフォード大学のジョン・D・クランボルツ教授が「プランド・ハップンスタンス・セオリー」を発表しました。これは簡単に言うと、キャリアの約八割が、予期しない出来事や偶然の出会いによって決定されると考えるものです。そして、その「予期しない出来事」をただ待つだけでなく、自ら創り出せるように積極的に行動したり、周囲の出来事に神経を研ぎ澄ませたりして、偶然を意図的・計画的にステップアップの機会へと変えていくべきだ、というのがこの理論の中心となる考え方です。

これを実践するために必要な行動指針として、クランボルツ教授は次の五つを掲げています。

①好奇心――絶えず新しい学習の機会を模索し続けること
②持続性――失敗に屈せず、努力し続けること
③楽観性――新しい機会は必ず実現する、可能になる、とポジティブに考えること
④柔軟性――こだわりを捨て、信念、概念、態度、行動を変えること
⑤冒険心――結果が不確実でも、リスクを取って行動を起こすこと

学生の皆さんには是非、これらの好奇心・持続性・楽観性・柔軟性・冒険心を持って、就職活動とその後のキャリアを乗り越えてほしいと思います。

また、仕事だけでなく、結婚や育児、介護、地域活動などの将来設計や計画を立てることは重要です。しかし、その設計や計画を変えなければならない場面に遭遇することもありえます。皆さんがこれから始める就職活動でも、思いどおりにいかないこともあるで

しょう。その時は、この理論を是非活かして下さい。そして、就職活動でつまずいた時には、一人で悩むのでなく、親・家族、大学の先生や先輩、友達、そして前述のとおり、大学のキャリア・就職担当部署に相談して下さい。それがステップアップの機会に繫がることでしょう。

(二) 企業の採用選考と学校の入試の違い

学生の皆さんは、高校受験、大学受験、人によっては小学校受験、中学校受験を経験してきたと思います。学校の受験は筆記試験が中心で、どれだけ点数を取れるかが大きなウェイトを占めています。そのため、各科目の勉強をすることが対策でした。推薦受験だった人も多いと思いますが、推薦では内申点と面接試験が大きなウェイトを占めるので、対策としては、学校の中間・期末などのペーパーテストの点数を上げるために、各科目の勉強をすることが対策の中心でした。

学校側としても、数百、数千、数万人の受験生の合否を判定しなければならないので、テストや内申点の点数で評価するのが一番効率的です。また、入学後も学生は勉強が本分ですから、入学からすぐ学校の勉強についていけるかどうかも判定しなければなりません。

そうすると必然的に、入学試験はペーパーテストが中心となります。

けれども、企業の採用選考は、学校の入学試験とは全く別と考えて下さい。学校の入学試験と重なる部分もありますが、同じような考えで臨むと危険です。それは、企業の採用選考は、合否の判断基準が学校とは全く違うからです。

企業の採用の評価方法は、その企業に「合うか合わないか（マッチング）」や、その企業で「働いていけるかどうか」、その人を採用することで企業に「メリットがあるかないか」が大きなウェイトを占めます。公務員や学校の教員採用試験にも筆記試験がありますが、最終的には「働いていけるかどうか」が合否の中心的な判断となります。

企業の採用選考の対策については後述しますが、企業の採用スタンスは、学校と違って三～四年間ではなく、何十年というスパンでその人と付き合っていくことになり、企業の中では数人から多くても十数人規模（部や課）で活動するので、人とどのように接するのかが重要視されます。

また、各企業には経営理念や採用方針といった方向性があり、それが、入社する人と合っているかも重要になります。

完全には一致しませんが、雇用関係は結婚の関係と似ていると言われ、テストの点数が高いか低いかだけで判断できるものではなく、合っているか否かが決め手になります。入社後は学校のように机に向かって勉強するのとは状況が違うので、ペーパーテストの結果だけでは入社の可否を判断できないのです。そのため企業は、採用選考を受ける人の性格や考え方を把握しなければなりません。

このように、学校の入学試験と企業の採用選考は全く違うものであり、それに対応した対策を取らなければならないことを理解してほしいのです。

企業の採用選考でも推薦や紹介での申込みが可能な場合がありますが、これも気をつけなければなりません。高校や大学の推薦受験は、試験結果がよほど悪くない限り合格の場合が多いです。しかし企業の採用選考の場合、必ず面接があり、企業と合わないと判断されれば不採用となります。その人の能力と先ほど述べたように性格や考え方も見られるので、学校の推薦受験と企業のそれとは全く別物と考えましょう。企業の採用選考において大学からの推薦や紹介があっても、受験資格を得たとか、一次選考（書類審査・適性検査など）を通過したという程度に考え、その先は通常ルートと同じように選考対策を行わなければなりません。公務員や教員採用試験にも推薦申込みがある場合がありますが、企業と同様に考えるべきです。

補足ですが、採用選考にも適性検査（ペーパーテスト・WEBテスト）があります。それは、数百人、数千人も申込みがある場合、採用選考の効率から、足切り・一次選考として活用するからです。また、企業で働くにあたり、その職務能力を見極めるのに、適性検査での測定が効果的な場合はそれを課します。つまり、採用選考対策には適性検査も含まれることになります。

☑ work

あなたのこれまでの人生で、大小問わず何かを乗り越えたことがあると思います。それを思い出し、どのように「プランド・ハップンスタンス・セオリー」を使ったか、当てはめて下さい。①〜⑤はすべて同じ場面でも、それぞれ違った場面でもいいです。

①好奇心
②持続性
③楽観性

④柔軟性
⑤冒険心

解答例

このワークでは「プランド・ハップンスタンス・セオリー」の理論を自分なりに実践できるのだ、と感じることが大事です。正解にこだわらず、自分なりに感覚をつかみましょう。今後、偶然や困難なことが起こった時に、助けとなるべく活用できるようにするためです。

03 大学卒業の社会的価値

ポイント

大卒者が社会で何を求められるのかを理解する。社会のために、将来のために、大学生活を有意義に過ごす。

学生の皆さんは、多くの方が高校を卒業して大学に入学し、現在に至っています。高校時代の進路選択の結果、現在は大学生になっています。高等学校卒業程度認定試験など、高校卒業以外の方も、進路選択をして大学生となっています。

では、あなたはなぜ大学に入学したのですか？

将来〇〇になりたい（〇〇したい）から、とはっきりした目的を持つ方もいるでしょうし、とりあえず大学進学を選んだという方も多いでしょう。大学に入学した理由にはそれぞれの思いがあっていいのですが、現在大学生であることは全員に該当します。

なぜこのような質問をするのかというと、高校卒業と大学卒業では、社会的立場が違うからです。


産業界では、働く人々を分類するのに「職業」という分け方があります。職業には様々な定義がありますが、簡単に言うと、人が日常的に従事する仕事のことで、例えば、事務、営業、販売、製造、管理、清掃などがあります。

その職業と、大学卒（図4－1）、高校卒（図4－2）を比較したものが次頁の表とグラフです。

大学卒の職業の一位が専門的・技術的職業従事者、二位が事務従事者、三位が販売従事者となっています。高校卒の一位が生産工程従事者、二位がサービス職業従事者、三位が事務従事者となっています。

この割合は、調査の年度が変わっても、ほとんど同じです。

これを見て分かるとおり、大学卒では、専門的・技術的な能力、事務や販売などでもマネジメント能力やコミュニケーション能力などのスキルが求められます。

【大学卒】

職業	人数	比率	順位
専門的・技術的職業従事者	149,598	35.8%	1
管理的職業従事者	2,495	0.6%	7
事務従事者	119,921	28.7%	2
販売従事者	102,465	24.5%	3
サービス職業従事者	23,239	5.6%	4
保安職業従事者	7,872	1.9%	5
農林漁業従事者	704	0.2%	10
生産工程従事者	2,430	0.6%	8
輸送・機械運転従事者	1,320	0.3%	9
建設・採掘従事者	562	0.1%	11
運搬・清掃等従事者	482	0.1%	12
上記以外のもの	7,075	1.7%	6
計	418,163		

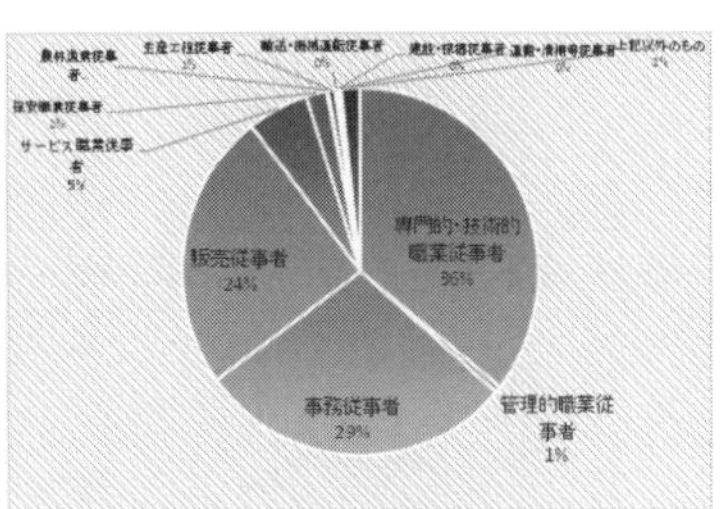

図4-1　文部科学省 平成29年度学校基本調査　卒業後の状況調査（職業別）から作成

【高校卒(全日制・定時制)】

職業	人数	比率	順位
専門的・技術的職業従事者	11,490	6.0%	5
管理的職業従事者		0.0%	12
事務従事者	20,168	10.6%	3
販売従事者	18,187	9.6%	4
サービス職業従事者	29,928	15.7%	2
保安職業従事者	9,838	5.2%	7
農林漁業従事者	2,057	1.1%	11
生産工程従事者	72,350	38.0%	1
輸送・機械運転従事者	6,050	3.2%	8
建設・採掘従事者	11,069	5.8%	6
運搬・清掃等従事者	5,530	2.9%	9
上記以外のもの	3,592	1.9%	10
計	190,259		

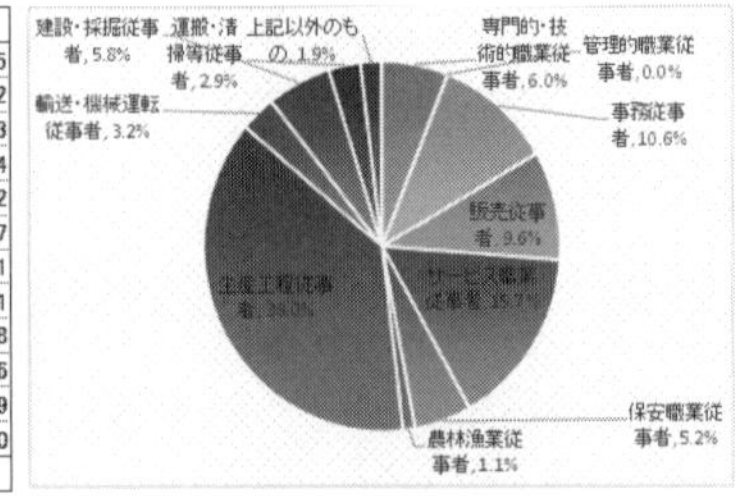

図4-2　文部科学省 平成29年度学校基本調査　卒業後の状況調査（職業別）から作成

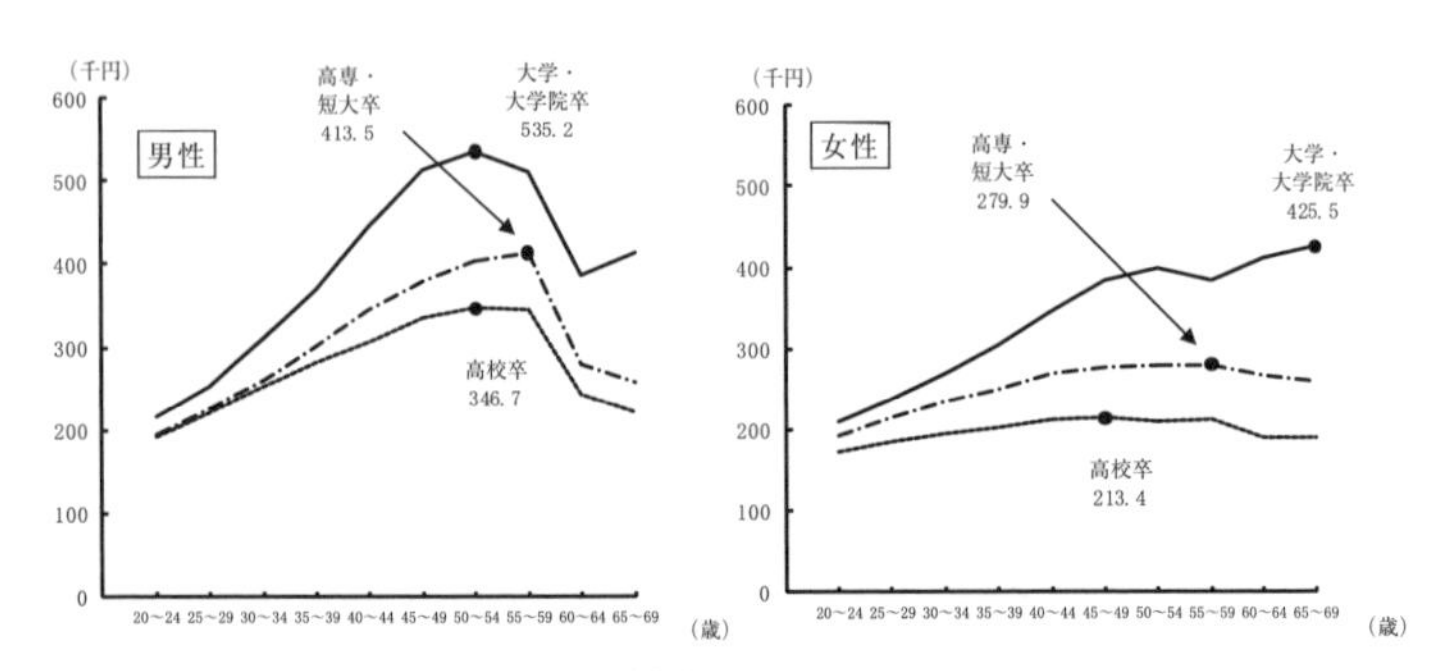

図5　学歴、性、年齢階級別賃金（厚生労働省　平成24年賃金構造基本統計調査）

一方、高校卒では、作業が比較的平易な生産工程、サービス・事務・販売でもルーチンワークの多い職業が中心となります。

次に、責任と賃金についてですが、責任が重ければ、賃金が多く支給されるのが一般的です。前頁の図5の賃金の表を見ると、高校卒より大学卒の方が多く賃金が支払われているのが分かります。少しデータが古いですが、現在もほぼ変わりません。仕事の責任・役職についても、賃金に比例して重くなると考えられます。

このように、高校卒と大学卒では、社会から職業や責任（賃金）といった、働く要素が異なるものを求められます。

極端に言うと、高校卒は比較的単純な業務で、責任は軽いが賃金の額は低い。大学卒は比較的考えることが必要な業務で、責任はあるが賃金はそれ相当の額が支払われる、ということです。

大学卒は、責任はありますが、その分、創意工夫することや従業員を教育・指導すること、組織全体を管理することを求められるので、社会に与える影響ややりがいは大きいと思います。大学卒として社会人になることは、例えば、国の統治者（総理大臣など）や、ビジネス社会での偉業者（組織のリーダーや創業者、社長）のように、社会全体に影響を与えるような人物になることに結び付きます。これは分かりやすい例としてお伝えしましたが、自身の創意工夫や努力の結果、世の中で活躍した人はたくさんいます。学生の皆さんには卒業後、果てしない活躍の場が広がっています。是非、大学で少しでも多く学業を修得して、卒業後、社会に役立てて活躍して下さい。

高校卒と大学卒で求められるものと立場の違いが、なんとなく分かっていただけたでしょうか。仮に、大学卒で高校卒に求められる仕事に応募しても、企業側は、求めているものと合わないため採用しないでしょう。また、大学卒は専門学校卒業とも違います。就職活動をする際は、大学卒としての立場を自覚して活動しないと、いつまでも絵に描いた餅のように、進路が決定できなくなる可能性が高いです。

さて、学生の皆さんと同年代には、高校卒で就職した人たちもたくさんいます。皆さんの高校の同級生や友達などにもいるでしょう。その人たちは、もう既に社会人として活躍しています。定時に出勤して何時間も働き、職場では上司や同僚に挨拶し、お客様や取引先に満足していただけるように対応し、業務が滞りなく進むよう常時気を抜かず仕事をしています。それを日々、繰り返しています。

学生の皆さんは、毎日の生活でこのような行動をしていますか？　もう一度述べますが、高校卒で就職した人たちは、既に日々努力を続けているのです。大学生である皆さんは、大学に入学しただけではアドバンテージはありません。大学での日々の営みが皆さんにアドバンテージを与え、就職活動やキャリアに活きるのです。その過ごし方次第では、高校卒で就職した同僚の方が進歩していたということもありえるでしょう。

大学生であることを自覚し、是非、大学生活を有意義に過ごして下さい。

04

就職活動の時期

ポイント

大卒者と一般の就職状況の違いと、就職活動は早いほど有利であることを理解し、行動する。

企業の採用は、日本ではまだまだ新卒一括採用が大半です。それは、企業で業務を行ったり、問題を解決したりするのには、新卒で入って長く所属している人の方が、経験値が上がり、仕事を任せやすいと考えることが多いのが一因です。

採用のバロメータとして「求人倍率」があります。求人倍率とは、求職者一人当たり何件の求人があるかという倍率です。二〇二二年三月卒の大学生・大学院生の求人倍率は一・五〇です。過去から現在の求人倍率の推移は図6のとおりです。

一方、日本全体の一般の有効求人倍率は一・〇九です。正規雇用だけの有効求人倍率は〇・八二です（二〇二一年二月）。年ごとの推移は次頁の図7のとおりです。

集計方法が違うので単純に比較はできませんが、それでも新卒の倍率が一般より高いことが分かります。

また、この倍率には出てこないのですが、新卒を採用をする企業の方が、規模が圧倒的に大きいです。新卒の求人企業は従業員数で三〇〇人以上が多いのですが、一般求人は三〇〇人以下がほとんどです。

もちろん、従業員数が多いから良い企業とは一概に言えず、中小企業にも良い企業はたくさんあります。ただ確率的に、規模が大きい方が、雇用が長期間保たれ、定着率が高く、収入がよく、安定している企業が多いです。

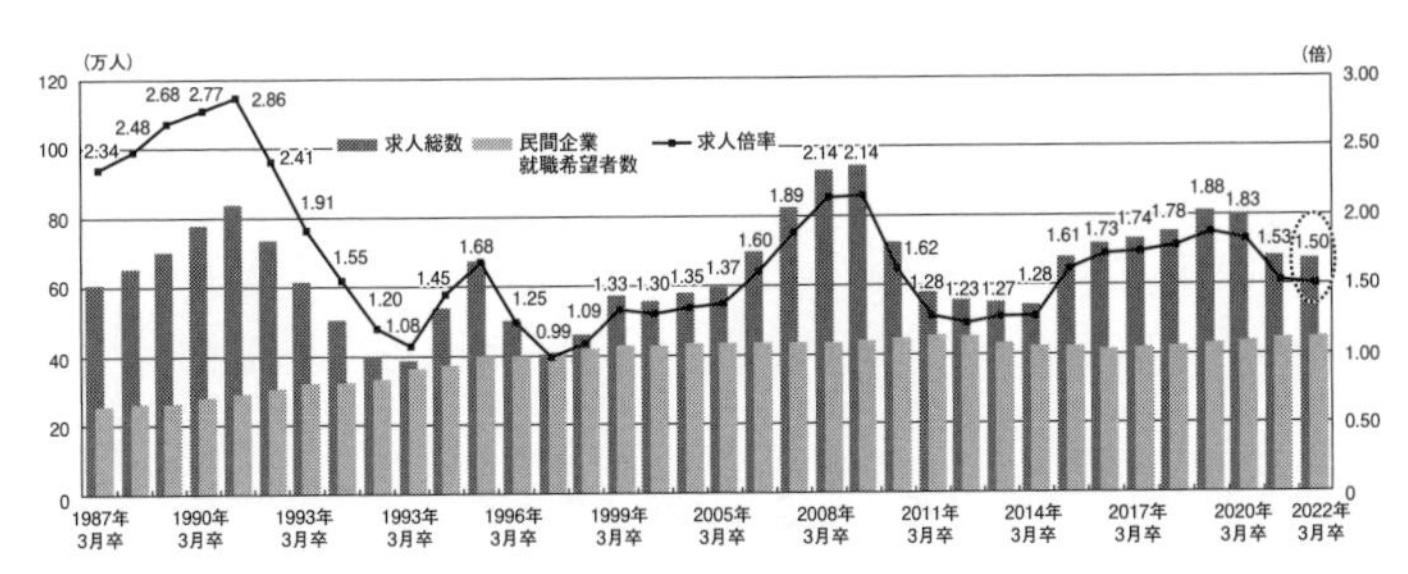

図6　求人総数および民間企業就職希望者数・求人倍率の推移2022年卒（リクルートワークス研究所参考）

さて、これらを踏まえて、学生の皆さんはいつ就職活動をしますか？

大学生のうちに就職活動をして入社した方が、規模の大きい企業も含め選択肢が多いです。また、大学生一人当たりの求人は一件以上あるので、企業を選ばなければどこかに入社できる確率です。

それが、大学卒業後は、時期にもよりますが求人は一件あるかないかで、仕事を望んでも就職できないこともあるのです。

また、一般の求人は経験者に限定されている場合が多く、全くの素人だと、入社できる可能性が低くなります。

大学を卒業してから就職活動をすると手遅れになりかねないので、大学生のうちに就職活動をしましょう（近年、国の省庁や都道府県、また大学でも卒業後の就職活動支援を強化しています。た

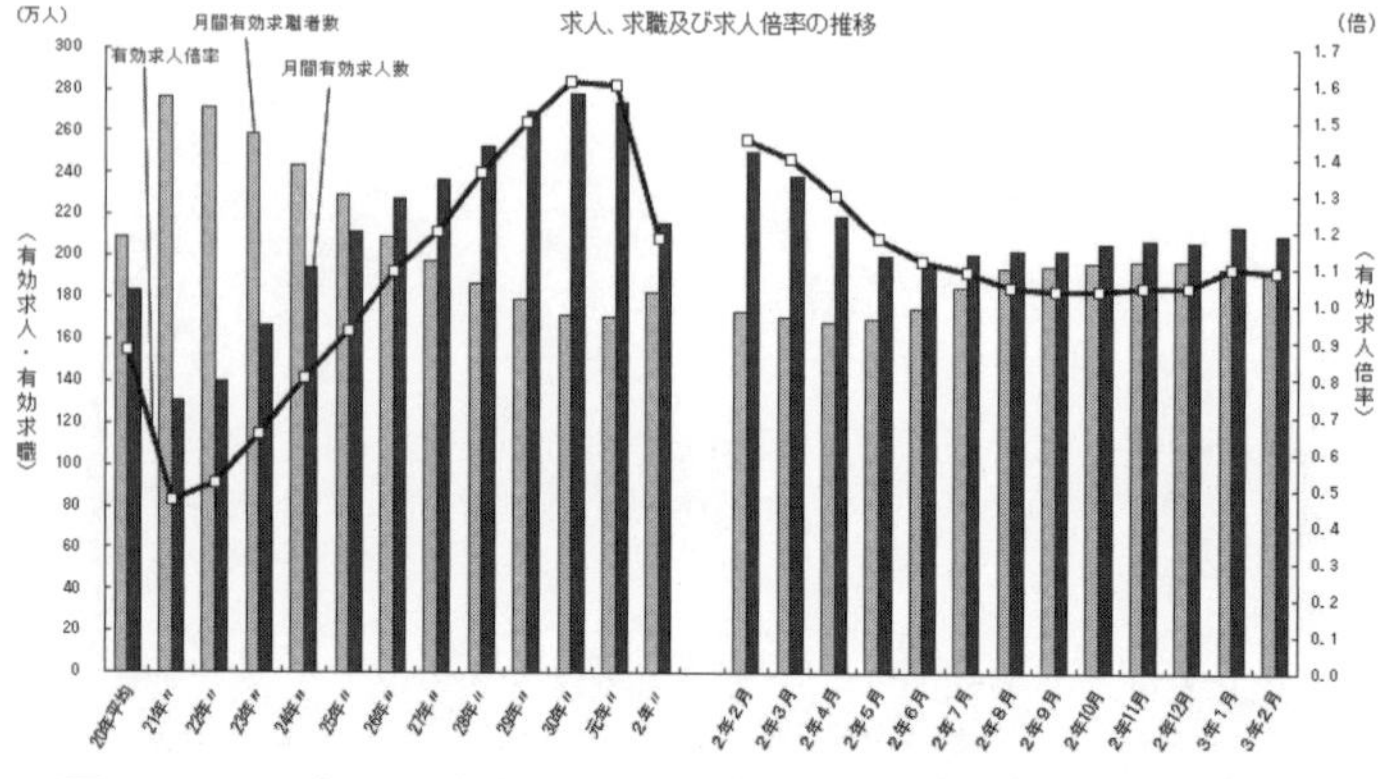

図7　2021年2月求人、求職及び求人倍率の推移（厚生労働省）

とえ在学中に就職が決まらなくても、諦めずに続けて下さい。卒業後に採用される方もたくさんいます。ただ、苦労が多い傾向にあります)。

新卒の就職活動でも、時期が早いほど有利です。

企業の採用選考は、それぞれの企業で数ヵ月間続きます。その数ヵ月間の中で、一回目、二回目、三回目……というように採用選考を数回に分けています。そして多くの企業で、回数が早いほど採用枠を大きくしています。例えば、一〇〇人の採用枠があれば、一回目は五〇人、二回目は三〇人、三回目は二〇人……という具合です。

また、各採用枠がそれぞれ同じ人数だとしても、回数が遅くなるほど倍率が高くなる傾向にあります。例えば、二〇人の採用を二回に分け、それぞれ一〇人ずつの枠があるとすると、応募人数は一回目が一〇〇人、二回目が二〇〇人という具合です。なぜそうなるのかは、第一志望の選考で不採用となったり、就職活動に出遅れたりした応募者が加わり、分母が大きくなるからと推測できます。

つまり、確率から言って就職活動は早いほど有利なのです。早くから始めてすぐ決まることもありますし、もし最初は上手くいかなくても、就職活動の経験値が上がっていき、諦めずに続けていれば内定を得る可能性は高くなります。

これは私が学生さんを長年見てきて感じることですが、就職活動を早く始める学生さんほど、学業や大学生活もしっかりしている傾向にあります。このことは多くの大学のキャリア・就職担当部署の職員、大学の教員、企業の採用担当も同じことを言っているのを耳にします。

企業の採用側も、早く活動する学生さんほど、優秀な人や入社後の活躍が期待できる人が多くいることを、よく知っています。そのため、戦略として早い時期に採用人数を多くする傾向にあることを理解し、早めに就職活動を開始して下さい。

☑ **work**

自分の大学の就職内定率、内定先の業界・企業、またキャリア・就職担当部署について調べてみましょう。

（キャリア・就職担当部署で聞いてもいいですが、ガイダンスなどで配られる資料や大学のパンフレット、大学のホームページ、学生要覧などに書いてある場合がほとんどです）

●大学の内定率（昨年度、もしくは過去でも構いません）
●所属学部、もしくは所属学科の内定率
●学部、もしくは学科の内定先が多い業界を三つ（製造業、ＩＴ業、建設業、流通業、金融業、介護・福祉、公務員など）
●キャリア・就職担当部署について
場所　／　相談可能時間と予約方法　／　キャリア・就職専用ホームページ

解答例

大学の内定率、進路業界を知ることで、先輩たちがどのような就職状況で、どの業界で活躍しているかが分かります。そして、それがあなたの指針となります。キャリア・就職担当部署の利用方法は、一度覚えてしまえば、本当に必要な時に速やかに活用できます。

また、これを機に、時間があればハローワークに行ってみましょう。ハローワークは国の厚生労働省が運営する就職支援・雇用促進のための機関です。場所によっては、土日や夜間も利用できます。

ハローワークで、一般の方がどのように就職活動をしているか、見ているだけでも勉強になります。また、若年者向けの支援内容を知ることができたり、新卒者向けのサービス情報を得られたりするかもしれません。

05 就職活動は〝営業〟活動

ポイント
学生の皆さんが企業に「サービスを提供する側」だと理解し、活動する。

学生の皆さんは、大学を卒業するまでは、大学の教育やサービスを受ける側で、言い換えれば「お客様」とも言えます。けれども、これから皆さんが社会人となると、サービスを受ける側ではなく、「サービスを提供する側」になります。取引先やお客様に、自分の企業の商品や製品などを届けるようになるのです。

就職活動は、ビジネスの社会です。皆さんは「自分」を、「お客様」である応募先の企業に営業すると言えます。企業訪問や面接などで企業に行きますが、学生の皆さんがお客様なのではなく、企業の人事・採用担当者の方や面接官がお客様なのです。

つまり、就職活動を端的に言い表せば企業への営業です。そう考えれば、挨拶、言葉遣い、表情、服装や身なり、建物・部屋への入退出、字の丁寧さ、電話やメールでの対応の仕方など、すべてが変わってきます。精一杯、心を込めて行うべきです。

大学では、部屋にノックして入らなくても、挨拶をしなくても、無表情でも、電話で名のらなくても、窓口時間外に訪問しても、字を乱暴に書いても、提出期間を過ぎても、理不尽なことを言ってもやってても面倒を見てくれました。それは学生の皆さんがお客様とも言えるからです。

しかし、その延長上で就職活動をしないで下さい。就職活動では企業の方がお客様で、学生の皆さんは〝営業マン〟です。営業マンがそのような態度だったら、いくら能力があったり成績が良かったりしても、採用選考の結果は想像に難くありません。

企業は採用選考で、学生の皆さんがうちの企業で働いたら、どんな仕事の仕方をするかを常に想像しています。先ほどのような態度で仕事をされたら、お客様や取引先に逃げられて、企業の業績や売り上げに直結します。企業の存続にも関わるかもしれず、それは企業にとって一大事です。だから、企業にとって「採用」は最も大事な業務の一つなのです。

そのため、採用は社長や取締役会といった企業の最上位の決裁事項となっています。企業によっては、面接に社長自らが出てくることもあります。それだけ大事なことなのです。

ただ、学生の皆さんは、たとえ面接に社長が出てきても驚いたり慄いたりする必要はありません。相手が社長でも若手社員でも同じで、お客様として接待し、お客様が望むサービスを提供することを考えましょう。

このように、採用選考で誰を相手にしても、「お客様を満足させよう」「ビジネスマンとして営業するのだ」と考えて就職活動をしましょう。

☑ work A

就職活動では、履歴書やエントリーシートなど、字を書く機会が多くなります。お客様を相手に乱暴な字は失礼ですから、練習として字を丁寧に書いてみましょう。上手・下手ではなく、時間をかけて一画一画を丁寧に書くことが大切です。

●大学・学部・学科名
●住所・郵便番号
●氏名
●生年月日
●連絡先（電話番号・メールアドレス）

年	月	学歴・職歴・賞罰（各別にまとめて書く）
		学歴
平成○年	4月	東京都立○○高等学校 入学
平成○年	3月	東京都立○○高等学校 卒業
平成○年	4月	○○大学○○学部○○学科 入学
平成○年	3月	○○大学○○学部○○学科 卒業見込
		職歴
		ありません
		賞罰
		ありません
		以上

年	月	資格・免許
平成○年	○月	TOEIC スコア○○点取得
平成○年	○月	普通自動車第一種運転免許証 取得見込

志望の動機

貴社を志望したのは、○○だからです。私は、大学で○○の研究を行い、貴社では○○の事業を行っているので、……………………

このように、私は貴社への採用を希望致します。

履歴書サンプル

☑ work B

以下のことは一般的なマナーであり、ビジネス社会でも同じです。次の項目を、日常生活で実践しましょう。日頃の積み重ねが採用選考に表れるからです。

- 大学の事務室や先生の部屋に入る時は、ノックをして「失礼します」と言う
- 少なくとも、先生と会ったら挨拶をする（友人にもすればさらに効果的）
- 呼ばれたら返事をする
- 先生や事務室で対応してもらったらお礼を言う
- 遅刻をしない・授業に遅れない
- 提出物などの期限を守る（例えば、期限が日にちで設定されている場合は一日前、時間単位の場合は1時間前、分単位の場合は5分前のように、自らの期限を設定する）
- 字は丁寧に、相手が読めるように書く
- 席を離れる時は、椅子を机の下にまっすぐにしまう

●使った物は片付ける
●家を出る前に、身なりや服装を鏡で確認する
●タバコは喫煙所で・吸殻は灰皿に（健康のためにタバコは控えましょう）

その他にもマナーと言われるものはたくさんあります。気づいたことを実践しましょう。本当は、マナーは無意識にできることが一番です。そうすれば、それ以外のことに意識を向けることができ、さらに高い次元で振る舞えます。

二　就職活動の備え

06 最初に「答え」を

ポイント
質問に対して、初めに「答え」を言う。

就職活動には、エントリーシート、履歴書、面接など、相手にあなたのメッセージを伝える機会がたくさんあります。それらには基本があります。また、就職活動だけでなく、このことは今後、社会人としても役立ちます。

ここでお伝えするのは「最初に『答え』を」です。

面接は多くの場合が30分くらいの短い時間です。集団面接となると一人当たりの持ち分はさらに短くなります。

エントリーシートや履歴書、アンケートなどの書き物も、企業の採用担当者は数百、数千と処理しなければならないので、冒頭読みや斜め読みなどの技法を用い、全部は読まないことも多いです。


例えば面接の場面で、「弊社まではどのくらいの時間がかかりましたか?」と聞かれたら、「××分くらい時間がかかりました」と答えましょう。面接だからと気負って、もしくはたくさん話そうとして、

「自宅は××駅です。そこから△△駅で乗り換えて、◇◇駅から徒歩で来ました。今日は1時間かかりましたが、今度来る時は〇〇駅で乗り換えれば50分くらいで着きそうです」

という具合に、面接官からの質問の答えは一番あとに、しかも聞かれたこと以外の情報まで話しては、聞かれたことにストレートに答えていると言えません。

自分は絶対にそんな答え方はしない、当たり前ではないかと思っても、面接の緊迫した場面では、そのように答えてしまう人がたくさんいます。緊張したり気負ったりするのは誰でもあることなので問題ありません。ただ面接官は、自分の質問に対する答えがいつ出てくるか分からないままずっと聞かされていると、疲れてしまいます。評価も悪くなりま

す。

次に、「はい」「いいえ」で答えられる質問は、「はい」「いいえ」で答えて下さい。「はい、そうです」「いいえ、違います」でも構いません。

例えば、ＩＴ企業の採用面接で、「あなたはＩＴ業界を志望しているのですか？」という質問に対しては、「はい」「いいえ」で答えれば要件を満たしています。

「ＩＴ業界にも興味がありますが、ゲーム業界と自動車業界にも興味があります。私は大学でプログラム関係を勉強してきたので、ＩＴにも、ゲームにも、自動車にも、その他に家電関係に関わる仕事もできると思います」

このような答えをする人がいますが、聞いている面接官の気持ちになって考えてみて下さい。この学生さんはＩＴ企業の採用面接を受けて、「はい」だけで済む質問に対して複数の業界のことを話すということは、本当にこの企業に入社する気があるのか？　と大変疑わしく思われるでしょう。

最初に「答え」を言うことは、社会人になっても同じで重要なことです。上司や先輩社員に質問されたら、真っ先に質問に対する答えをしましょう。ビジネスでは短時間で結果を求められます。過程や経緯などを先に長々と話したあとに、ようやく結末を話されるとイライラされてしまいます。

採用選考では、採用して入社したらどのように振る舞うのかを連想しながら、学生の皆さんを見ています。実際には、「××分くらい時間がかかりました」だけでは短すぎる答えですが、基本として、質問の答えを簡潔に最初に言う（書く）ことを習慣づけましょう。就職活動の準備・練習が、社会人になっても活きるので、この時期に身に付けるといいでしょう。


関連して、履歴書・エントリーシートについてお伝えします。

「職歴」や「賞罰」の欄がある場合には、ほとんどの方は「なし」や「ありません」と答えます。アルバイトは職歴には入らないので、社員としての経験がない場合は「なし」や「ありません」と記入して下さい。

「賞罰」の賞は、誰もが知っている大会の全国優勝や国際大会レベルの賞のことで、罰は懲役や禁固などのいわゆる犯罪歴のことを指します。該当するものがなければ「なし」か「ありません」と記入します。もし、記入の判断に迷う事項がある場合は、大学のキャリア・就職担当部署に相談して下さい。

また、何かの賞を授賞して、そのことを面接や履歴書・エントリーシートなどで説明したい場合には、後述する〈10 〝凄いこと〟は必要ない〉を参照して下さい。

履歴書・エントリーシートの書類で、どの記入事項も無記入は避けましょう。無記入だと、記入漏れと勘違いされる可能性があるので、必ず「なし」か「ありません」と答えて下さい。これらも、「最初に『答え』を（端的に答える）」にあたるので、ここで紹介しました。

就職活動で、最初に答えを述べることは、習慣化されているのが望ましいです。日常生活の中でも意識するといいかもしれません。

☑ work

次の質問について、ストレートに答えて下さい。

- 自宅から大学までの経路
- 得意な科目

●興味・特技の両方、またはどちらか
●取得した資格や、取得できる見込みの資格
●パソコンの能力
●感銘を受けた本
●好きな動物
●印象に残る旅行した場所
●昨日の夕食メニュー

答えは人それぞれ違いますが、「数学です」や「教員免許を取得見込みです」のように、まずは端的に答える習慣をつけましょう。

また、質問によってはいくつも答えがあるかもしれませんが、数多く出しすぎると、逆に相手には「あなた」という人物が伝わらなくなってしまいます。印象がぼやけてしまうのです。たくさんあったとしても（頭に浮かんだとしても）、できるだけ一つ、多くても二、三に絞りましょう。数が少ないほど「あなた」という人物がはっきりします。

例えば、興味・特技で「興味は料理です。特にケーキ作りが得意です」なら、聞いてい

る相手に伝わりやすいですが、「興味は野球、サッカー観戦、ゲーム、サイクリング、読書、料理で、特技はプログラミング、犬のトリミング、語学では中国語です」と答えたら、あまりに多すぎて逆にこれといった印象がなくなります。

答えがないのも印象が悪いです。例えば「資格」で、既に持っている資格がなくて、取得中（見込み）もない場合、無記入や無言は避けましょう。「ありません」でもいいのですが、「現在はありませんが」と最初に答えたあとで、「将来は○○を取ろうと思っています」と、自分の印象が良くなるように、自分を売り込むように答える方法もあります。

繰り返しですが、長い答えとなって曖昧になるなら一つに絞る、無理な答えになるなら「ありません」とはっきり答えた方が無難です。

07 就職活動での構文作り

ポイント
就職活動で使う構文は、答え＋理由・エピソード＋結論

就職活動では、学生の皆さんがこれまで当然だと思っていたことと異なることがあります。その一つがこのテーマです。

小中学校の国語で起承転結を習いました。簡単に説明すると、起は話の導入部分、承は起の理解を進め、転は話の盛り上がり、結は締めくくりです。内容は終わりになるほど濃くなる傾向にあります。

そう習ったので、文章というと起承転結と思うかもしれませんが、就職活動ではこれを使いません。質問が来たら、前テーマで述べたように「答え」（結論）を先に伝えるのが基本です。

例えば、「弊社まではどのくらい時間がかかりましたか？」と聞かれたら、次のような答えになります。

「○○分です。自宅は△△線の××駅で、□□線を乗り継いで御社に参りました」

この質問で面接官が一番関心あるのは「時間」ですから、まずそれを真っ先に答えます。そして、理由や補足説明があればそのあとで言います。逆に、前テーマの例にもあったように、

「自宅は××駅です。そこから△△駅で乗り換えて、◇◇駅から徒歩で来ました。今日は1時間かかりましたが、今度来る時は○○駅で乗り換えれば50分くらいで着きそうです」

と言ってしまうと、面接官は知りたい答えを最後まで待たなければなりません。

つまり、短い答えの構文はこうなります。

答え ＋ 理由

そして、自己PR、志望動機、学生生活などについて、多少分量のあるものの場合は、次の「基礎の構文」を使います。就職活動ではこちらの方を使う頻度が多くなります。

答え ＋ 理由・エピソード ＋ 結論

質問に対して答えを述べたあと、それを裏付ける理由やエピソードを付け、もう一度最後に結論を言います。結論は、最初の答えと同じ言葉でも、少し付加価値を付けてもいいです。

この構文について理解できたら、調整してほしいことがあります。それは、質問に対する全体の答えは長すぎず、短すぎないようにし、特に指定がなければ、面接の場合は1分が目安です。エントリーシート・履歴書の場合は、枠の九割以上を埋めるのが基本です。

面接の答えで学生の皆さんに多いのは、たくさん話しすぎてしまうか、逆に全く答えられないかです。人が相手の話を聞いていられるのは約1分と言われます。それ以上長いと、まとまりのない話として記憶に留まらないものとなり、逆に全く答えられないのは選考の判断材料になりません。

話しすぎも、答えられないことも、人によりどちらかの傾向が強いか弱いかがあり、誰にでも起こりえます。この対策は反復練習をして感覚をつかんで下さい。1分間、話をするのは突然できるものではないので、事前練習を何回も行うことが必要です。

☑ work A

「大学時代に頑張ったこと」を、1分を目安に口頭で答えて下さい。

（50秒未満、1分10秒以上の場合はやり直しです）

解答例

前述の構文「答え＋理由・エピソード＋結論」を使いましょう。

【答え】私の頑張ったことは○○です。

【エピソード】グループの仲間と□□をやりました。

【結論】○○を仲間と頑張ったことで協調性を学ぶことができました。

次は紙面に書く場合です。

企業のエントリーシートやアンケートなどには、回答スペースや字数が設けてあります。極端に言うと、枠の半分程度しか埋まっていなかったり、枠をはみだしたりしたら、人事担当は読む以前に不合格とするケースが多いです。答えが不足している場合は意欲が弱いとして、欄外に記入する場合はセンスを疑われるからです。

基本的に回答枠は、枠内の九割以上を埋めましょう。どの質問に対しても九割以上を埋めて、字は一画一画を丁寧に書けば、見た目での判定は合格に映ります。

☑ work B

「大学時代に頑張ったこと」を400字以内で書いて下さい。

解答例

次の点を自己評価して下さい。

- 九割以上埋まっているか（ここでは360字～400字）

- 「答え＋理由・エピソード＋結論」の構文になっているか
- 一画一画を丁寧に書いているか
- 途中で字が大きくなったり小さくなったりしていないか、字の間隔は均一か
- 遠目で眺めてみて、丁寧な印象が伝わってくるか

08 答えは一つに絞る

ポイント
発言、答える内容は、相手が頭の中で具体的に絵が描けるように表現する。

企業が求めていることと、学生の皆さんが主張したいことの差が一番大きくなりやすい一つがこのテーマです。

さらに言えば、学生の皆さんが「完璧に言えた」「すべて伝えられて、思い残すことはない」と思っても、面接官には全く伝わっていないことがあるのがこのテーマです。

面接で「自己PRを言って下さい」という質問があったとします。その答えとして、次のサンプルを読んで下さい。

サンプル1

私は向上心が強いです。大学では高校までやっていたサッカー部に入部しました。最終学年では副部長を務め、良い成績を残すことができました。また、社会経験を積もうと思い、部活で時間のない中、飲食店のアルバイトをして、売り上げを伸ばすことに貢献しました。大学では多くの友達を作ろうと思い、授業では自分から周りに声をかけ、率先して勉強にも取り組みました。授業で分からないことがあれば、図書館で調べたり、先生に聞いたりして成績は上位に入りました。このように、私は向上心を心がけて物事に取り組みます。

サンプル2

私は向上心が強いです。大学ではサッカー部に所属しました。大会では一回戦は勝てても、二回戦で負けてしまうので、私は率先して原因を追究しました。チームの士気は高く毎日練習をしていたので、チームの能力は高いと思います。そこで、高校の恩師に相談したら、チームとしての試合経験が浅いと言われました。その後は強豪校に練習試合を申込んだり、これまで出たことのない草トーナメントに出場したりしたところ、最後の大会では準決勝まで進めました。このように、私は向上心を心がけて物事に取り組みます。

いかがでしょう。サンプル1と2は同一人物のエピソードです。字数にほとんど差がないようにしています。どちらも就職活動の構文である「答え＋理由・エピソード＋結論」を使っています。

読んでみて、どちらの方が印象に残りますか？　どちらの方が興味を引く話ですか？　皆さんが面接官だったら、どちらの人を採用しますか？　2になると思います。

学生の皆さんにとっては、学生生活を多かれ少なかれ頑張ってきたのですから、経験してきたことを残らず伝えたいと思うでしょう。その気持ちはよく分かります。けれども、その思いと、面接官にどれだけ自分の印象を残すかが必要な採用選考は別です。

たくさんのことを伝えようとすると、サンプル1のようになってしまいます。サンプルの質問は「自己ＰＲ」でしたが、前出のワークに出た質問でも他のどの質問でも、複数の事例を盛り込んでしまうと、全体がぼやけて、相手に伝わらないものになります。

さらに、「向上心」をＰＲしていますが、１のエピソードは、自分が経験してきた出来事を並べているだけなので、あまり向上心を感じません。学生さんとしては、「これだけたくさんのことを伝えたから、面接はよくできた。残さず述べられた」と思いがちですが、結果は不採用となるでしょう。

サンプル２はどうでしょうか。質問に対して一つの事例に絞っているので、聞いている方が頭に描ける話になっています。採用選考は性格が採否の多くを占めるので、一つのことに絞れば性格が出てきます。


つまり、質問に対しては、たくさんのことを伝えようとするのではなく、聞いている（読んでいる）相手が一枚の絵を描けるように、事例を絞って答えるということです。

サンプル１はサッカー・飲食店・授業・友達など事例が多いので、何かに絞って絵を描くことができません。描くとしたら、一つひとつの事例を想像して描くしかなく、けれども、企業の採用担当者はそんなに多くの時間をかけられないので、結局は描けません。

サンプル２は、はっきりとサッカーの絵が描けます。しかも、一生懸命に練習している姿や、恩師に相談している姿といった場面を具体的に描けます。面接官の脳裏にその絵が残れば、あとで採否を判定する時に、その絵に性格が結び付いて思い出すことができます。その学生のことを、面接官が上司や関係者などに説明・報告しやすくなるでしょう。

今、あなたは落ち着いてこの説明を読んでいるので、以上の話は理解できると思います。しかし、実際の面接の緊迫した場面になると、冷静に対応できなくなることがあります。驚くことに、私が面接を見学させていただいたり、模擬面接をしたりしていると、サンプル1のような答えをする学生さんが半分はいます。つまり、答えを一つに絞ることをしっかり準備・練習すれば、競争相手は半分に減ると考えることができます。

☑ work

あなたの長所と短所を書いて下さい（それぞれ100字以内）。
さらに、それぞれについて、一つ絵を描いて下さい。

● 長所

●短所

解答例

「短所」には補足事項があります。「答え ＋ 理由・エピソード ＋ 結論」の構文でいいのですが、最後の結論に短所の改善方法を必ず入れましょう。

例えば「慌てる」のが短所であれば、結論は「このように慌ててしまうのが私の短所です。ただ、今後は慌てないように早めに計画を立てようと思います」のように、改善策を伝えて下さい。結論が「このように、慌ててしまうのが私の短所です」で終わってしまうと、「私にはこんな欠点があるので不採用にして下さい」と言っているように受け取られるかもしれません。

もし改善策が思いつかないような、克服できない短所がある場合は、採用選考では言わない方が望ましいです。就職活動から話が離れますが、今は策が思いつかなくても、経験を積み重ねていけば、将来、改善することができる機会が来ると思います。

また、長所・短所とは違いますが、あなたがその企業で働く場合にケアしてほしいことがあれば、伝えた方がいい場合があります。例えば、疾患があって職場に対応が必要な場合は、伝えた方がいいでしょう。

それを伝えるか伝えないか迷う場合の目安としては、現在、大学において個別に伝えてあったり、対応してもらったりしているか否かです。ただ個々の事情があるので、詳しくは大学のキャリア・就職担当部署に相談して下さい。

09 詳細を具体的に

ポイント
数字や固有名詞を使って、相手が具体的に頭の中で絵が描けるように述べる。

採用選考で、前テーマに続いて多くの学生さんがミスしやすいのがこのテーマです。自分自身の頭の中では分かっていても、採用側には伝わっていないケースが多いのです。

さて、次の文章をどう思いますか？　文章の内容が具体的に頭に思い描けるか否かを判断しながら読んで下さい。

1．部活の勧誘で、たくさんの新入生が入ってきました。

2. 海外旅行に時々行きます。
3. とてもたくさん練習しました。
4. かなり良い成績を収めることができました。
5. 車はしばらく運転していません。
6. 文化祭実行委員で、いろいろなことを経験して、対応力がつきました。
7. アルバイトを通して早起きする習慣がつきました。

いかがでしょう、頭に具体的に思い描けましたか?

正解は、1~7までのすべての文章が頭に思い描けません。内容が曖昧で、抽象的な表現のためです。絵にしようとしても描けないか、描けてもどこかをぼかさなくてはなりません。前テーマで述べたのと同じで、聞いている側が頭に思い描けないと、採用選考では判定不能、つまり不採用に繋がります。

その原因は波線部分にあります。発言している本人は頭の中ではっきり、もしくは大体分かっていても、聞いている相手にはおおよそすら分かりません。

では、波線部分を次のように変えるとどうでしょうか。

1. テニス部の勧誘で、約三〇人、新入生が入ってきました。
2. 東南アジアの国々へ、旅行に年一回程度行きます。これまでに、マレーシア、シンガポール、インドネシアに旅行しました。
3. 平日の放課後には欠かさず練習しました。
4. 同じ学科の学年に約一〇〇人いて、三位の成績を収めることができました。
5. 車は三年ほど運転していません。
6. 文化祭実行委員で、衛生係を担当し、食品の安全面について指導を徹底することで、対応力がつきました。
7. 新聞配達のアルバイトを通して早起きする習慣がつきました。

このように数字や固有名詞を述べれば、聞いている相手に具体的に伝わります。聞けばすぐ絵に描けるくらいはっきりしています。

「数」については、正確な数字が分からなければ、大体、約、程度を付けてもいいので必ず数字にして下さい。例の場合だと、1で「約三〇人」、2で「年一回程度」と述べていますが、このようなアバウトな数字でも相手には十分伝わります。

簡略しすぎて、時々、たくさん、少しといった抽象的な言葉では、自分では分かっていても相手には全く分かりません。1で「たくさんの新入生が」と言ったら、実際は三〇人くらいなのに、聞いている相手は五人くらいなどと勝手に想像してしまうかもしれません。テニス部の勧誘で五人の入部だとしたら、たいしたことはないでしょう。そうなると、たいしたことはないという評価をされてしまいます。

大体でも数字を言わないと、聞いている相手は想像するしかなくなります。採用選考の評価は、その想像されたことで判断され、それが結果となるのです。「お客様」である採用側が、どう思うかで決まってしまいます。

「名詞」も具体的に言いましょう。例えば、部活名、授業の科目名、アルバイト、地名などは、テニス部、新聞配達、東南アジアなど、具体的に固有名詞を使います。

前例の7で「アルバイトを通して早起き」の場合、アルバイトが新聞配達なら「新聞配達」と固有名詞で伝えないと、午後から勤務の居酒屋だと勝手に想像される可能性もあります。午後は学生にとっては早い時間でも、企業では早い時間とは言いません。

次の言葉は、就職活動ではNGワードとしましょう。九割方、使わない方がいいと思って下さい。

●副詞や形容詞
（例：たくさん、多く、少し、いろいろ、いろんな、様々な、かなり、とっても、あまり、厳しい、やさしい、早く、速く、遅く、大勢、普通、時々など）
●曖昧な名詞
（例：アルバイト、本、授業、実験、部活、サークル、クラブ、スポーツなど）

これらを使わず、相手が頭の中に思い描けるように、数字や固有名詞で具体的に伝えましょう。

☑ work A

次の文章の波線部分を、あなたの体験から具体的な表現に変更して下さい。経験がない部分は飛ばして結構です。

●大学（高校）で部活動に入っていました。部活はたくさん（少し）練習し、良い（悪い）結果となりました。

● アルバイトを多少やっていました。初めは何も分からなくて戦力になりませんでしたが、社員（先輩）にいろいろ言われて、ある程度の実績を残せました。

● 大学時代に印象に残った授業はたくさん（少し）あります。どの授業も役に立ったので、それらが社会人になっても活きると思います。

● 大学の成績はまあまあでした。定期試験はある程度勉強して良い（悪い）成績が残せました。

● 友達はたくさん（少し）います。友達と一緒に、たまにはいろいろなところに遊びに行きます。

● 本は人並みに読みます。面白かった本はたくさん（少し）あります。

☑ work B

これまでのワークで書いた「大学時代に頑張ったこと」、前テーマで書いた「長所、短所」で、曖昧な表現があれば修正しましょう。

解答例

数字や固有名詞を使って下さい。ＮＧワードは具体的な表現に変えましょう。抽象的な表現から具体的な表現に変えるだけで、その人の印象がはっきりし、信頼できる人物と思われることもあります。就職活動だけでなく、ビジネスの世界でも同じです。

例えば、家電の販売で「この空気清浄機はとてもいいですよ」というセールスではどこがいいのか分からず、買う気になれないでしょう。

「この空気清浄機なら、従来品より花粉を倍、ウイルスを三倍除去します。しかも電気の消費量は半分以下です」のようなトークなら、買おうという気になってきます。

具体的な表現は、就職活動だけでなく社会人になっても活かせると思います。

10

〝凄いこと〟は必要ない

ポイント
結果より「過程」で自分をアピールする。

就職活動で、学生の皆さんがよく勘違いしてしまうのがこのテーマです。

〈5〉で「就職活動は〝営業〟活動」と伝えました。

そこで、過去の受賞歴や役職など栄光の数々を伝えてアピールする人がいます。例えば、次のような感じです。

「高校の部活の大会で優勝しました。選抜にも選ばれました。この経験を御社で活かせます」

「大学のテニスサークルでリーダーを務めました。私にはリーダーシップがあります」

他にも、例えば校内の絵や習字の展覧会などで金賞・銀賞・銅賞、大学の学業で首席、アルバイトの中で売り上げナンバーワン、部活の部長・副部長、学校の生徒会長など、数多くの輝かしい栄光を持っている人もいるでしょう。

けれども、社会で働いた経験のない学生の皆さんはよく分からないと思いますが、学校での表彰や、部活・サークルのリーダーなどの栄光そのものが、企業の社員として活きるものではないのです（Jリーグやプロ野球の選手など、学生時代の栄光が職業に直結する場合は別です）。

体力に自信があっても、いくら学業の成績が良くても、残念ながら企業でそれらが直接活かせるかどうかは分かりません。

アルバイトの経験も、アルバイトの仕事と正規雇用の仕事は別な場合がほとんどです。アルバイトにはアルバイトの仕事、社員には社員の仕事があります。極端に言うと、アルバイトは単純作業や接客が主な仕事で、社員はアルバイトを管理したり、仕事の立案やスケジューリング、業務の改善や工夫をしたりするのが仕事です。役割が違うのです。

つまり、学生の皆さんの成し遂げた結果だけを、エントリーシートや面接でいくら披露したり自慢したりしても、採用側は「良かったですね」で終わりでしょう。

企業が知りたいのは、その結果をどのようなプロセスや思いを持って成し遂げたかです。結果に辿り着くまでの過程が知りたいのです。学生の皆さんの過去の行動から、その人が企業で働いたらどんな振る舞いをするのか、その振る舞いが企業の業績にどのようにつながるかを連想したいのです。大学生から社会人になったからといって、全くの別人になる人はほぼいません。企業で働いても、学生時代と同じように行動すると思われるでしょう。

このように、採用選考では、学生の皆さんの結果ではなく、性格や物事の進め方を知り、それで採否の判定を行うことが主です。

先ほどの部活の例えを書き換えると、次のようになります。

「高校ではソフトボール部に所属しました。私はレギュラーになることがチームに一番貢献できることだろうと思い、毎日欠かさず練習しました。また、所属しているチームは、打撃は強いのですが守備が弱く、エラーや送球ミスが多いので、失点して負けることが多かったです。そのため、毎日ウォーミングアップのキャッチボールでは人を替えて、球質の変化に対応できるように練習を改善しました。また、監督に頼んで、意図的にグラウンドを荒れた状態にしてノックをする日を設けました。その効果もあって、守備でのミスが減り、県大会で優勝することができました」

この学生さんが社会人となって働いたらどうなるか、次のように連想できます。

「チームに一番貢献」→企業に貢献
「毎日欠かさず」→安定して出社し、頑張ってくれる
「打撃が強いが守備が弱く」→企業の強み・弱みを分析、予測してくれる
「キャッチボールでは人を替え。荒れた状態にしてノック」
→仕事が行き詰まったら、状況を打破してくれる
「監督に頼んで」→上司とコミュニケーションがよく取れそう
このように、学生生活での物事の進め方から、企業での働き方が連想できるのです。

結果については、優勝や部長を務めた、受賞したなど、良いに越したことはありませんが、それは採用選考では、影響しないか参考にする程度です。
学生の皆さんの性格が分かれば、結果が良くなかったエピソードでもいいのです。先ほ

どの例の文章では優勝できましたが、結果が「努力しましたが、残念ながら☆回戦敗退でした」だったとしても、そこまでの過程が伝われば、働き方の連想をしてもらえる可能性が高いです。なぜなら、あなたの性格が分かるように伝えているからです。

つまり、「凄いこと」を披露するのではなく、「結果に辿り着くまでの過程」を伝えるようにするといいでしょう。

☑ work

自己PRを、400字以内で記入して下さい。

解答例

「答え＋理由・エピソード＋結論」の構文を使いましょう。九割以上、埋めましょう（ここでは360字〜400字以内）。

自己PRの答えは、自分の性格を述べるのが通常です。

主体性・リーダーシップ・実行力・分析力・計画性・創造力・コミュニケーション

力・傾聴力・柔軟性・情報収集力・規則を守る・ストレスに強いなど、性格上の特徴を最初に答えましょう（「社会人基礎力」が参考になります。詳しくは〈18　企業が大事にしていることとのマッチング〉に掲載）。

「私は珠算が得意です」や「実験を頑張りました」などの特技や出来事を挙げるのも間違いではないのですが、前者は「興味や特技」、後者は「学校で力を入れたこと」に該当し、自己ＰＲからは外れるでしょう。

エピソードは、この「就職活動の備え」編で述べているとおり、どのような活動を行ったか、どのように考えたか、どのように工夫したかを具体的に記入しましょう。

11 〝普通〟や〝ネガティブ〟を強みに

ポイント

どのように乗り越えたかを表現する。ネガティブと思うことも、就職活動では活かせる場合がある。

前のテーマとは逆のテーマですが、これも就職活動で学生の皆さんがよく勘違いしてしまう部分です。

学生の皆さんの中には、エントリーシートに書くことがない、面接で何を言えばいいのか分からない、自己分析しても思い当たることがない、大したことはない、と言われる方がいます。理由を聞くと、「学生時代は普通だったから」「周りの人と比べて秀でた部分がないから」「目立った賞や資格などを取ったことがないから」などと言われます。

この場合も前テーマで述べたとおり、企業側は皆さんの過去の行動から、企業で働いたらどのような振る舞いをするのか、それがどのように企業の業績に結び付くかを連想したいのです。結果ではなく、学生の皆さんの性格や物事の進め方を知り、それを採用選考の判定材料とします。

前出のような学生さんに、こちらから、「大学の定期試験の時は、どのように勉強しますか？」と聞くと、「二週間前からスケジュールを立てて準備します」「自分で勉強して、分からないことは先生に聞くようにしています」「試験間際まで勉強しないことが多いですが、一度勉強を始めると熱中する性格で、短期集中で準備します」などと言う方がいます。「学生生活で印象に残ったことは何ですか？」と聞くと、「大学での実験です。グループで議論しながら作業を進めていくのが面白かったです」「通学に電車で片道2時間かかったことです。その時間を活用して本を読んだり、試験勉強をしたり、有意義に過ごすようにしました」などと言う方がいます。

これらの答えに性格が出ているのです。誰もが経験する事柄でも、人それぞれ違うので、「普通」とか「何もない」など大雑把ではなく、あなた自身の考え方や行動を説明できるようにしましょう。企業の採用担当者はそれを聞きたいので、結果が優秀であったり凄かったりする必要はないことがほとんどです。

また、学生の皆さんの中には、過去の出来事をネガティブに考えすぎてしまい、就職活動でそこから頭が離れない人もいます。

例えば、成績不振により留年や休学を経験した場合です。学修に行き詰まって留年したことや、授業についていけず大学を休んだことから、企業に受け入れられないのではないかと考えてしまうのです。けれども、就職活動では決してネガティブに考える必要はありません。過去にそのようなことがあっても、それを乗り越えて現在は就職活動をしている、もしくは現在、乗り越えようとしているのでしょう。

前述のとおり、企業の採用基準は、優秀かどうかより、その企業に適しているか否かです。留年しても、それを隠す必要はなく、どう乗り越えたか、もしくは乗り越えようとしているかというプロセスや内容が大事なので、ネガティブと思う出来事も就職活動では活用できます。

皆さんが入社したら、そこから数十年は働くことになり、その間には必ず苦労することや難局が訪れます。その時に、この人はどう乗り越えるだろうか、ということを採用する側は予測したいのです。その乗り越え方が、自社に適しているか、適していないかを計りたいので、就職活動では留年したこと自体をネガティブに捉える必要はないのです。

学生の皆さんなら誰でも、単位を落として再履修したり、大会で思わぬ敗戦をしたり、目標としていたところまで届かなかったり、病気をしたり、疾患をお持ちだったり、人に迷惑をかけたり、壁にぶつかったりしたことなど、何かしらあると思います。企業は、そういった難局や壁を、その人がどのように乗り越えたかを採否の判断材料の一つにしたいので、そのようなエピソードがあってもいいと思います。

☑ work

ネガティブだと思う出来事を乗り越えた（乗り越えようとしている）エピソードを、３００字以内で記入して下さい。

解答例

前テーマのワークの解答例と同じです。前テーマを参照して下さい。

12 第一印象は重要

ポイント
最初の振る舞いを意識して行動する。

採用選考では、採用する側は短時間で学生の皆さんを見極めます。概略として、企業の方と顔を合わせるのは次のとおりです。

会社説明会→（適性検査）→一次面接→二次面接→……→最終面接

会社説明会から最終面接まで、五回程度しか顔を合わせません。しかも、一回につき数時間です。さらに、複数の応募者がいるので、採用側が応募者一人を見るのは非常に限られた時間となります。

学生の皆さんにとっては、いつ見られたり目が合ったりするか分からないので、終始気が抜けませんが、採用担当者が最初にその人を見た時の印象は、ずっと最後まで頭に残ると言っても過言ではありません。

つまり、第一印象は非常に大事なのです。

次に、それぞれの場面でどのように振る舞ったらいいかを説明します。

(一) 会社説明会

会社説明会の受付があります。そこには採用担当の方がいますから、必ず「おはようございます」や「よろしくお願いします」と元気良く挨拶しましょう。

挨拶は大切です。ハキハキとした声は当然ですが、表情も明るくし、少し笑顔でもいいでしょう。

大学名や名前を告げる場合は、ゆっくり、ハッキリと伝えて下さい。特に受付で名簿チェックをしている場合、早口だったり聞きづらかったりすると、聞き直さなければいけないなど、手間もかかり確認しづらいので、印象が悪くなります。

提出書類がある場合は、受付する前に鞄から出しておきましょう。受付に着いてから書類を出していると時間がかかり、採用担当の方も、後ろで順番待ちしている他の参加者もお待たせすることになります。就職活動は「営業」です。訪問する側は学生の皆さんですが、「お客様」は採用担当の方です。お客様を待たせない工夫をしましょう。

寒い時期の場合は、コートやマフラーを着用していって構いませんが、企業の玄関に入る前に脱ぎ、腕に掛けて持つようにしましょう。建物に入ってからは何があるか分かりませんし、すぐに受付があって、慌てて脱ぐ様子は好ましくありません。

逆に暑い時期の場合は、説明会の開始間際に着いて汗だくなのは不潔に映ります。涼しげな顔で会場に入れるように、時間に余裕を持って現地に着き、汗を落ち着かせましょう。

最近はクールビズを認める企業も多いので、その場合は遠慮なく、ノーネクタイ・ノージャケットで参加して構いません。クールビズは省エネを目的に実施されているので、地球環境のためになります。ただし、クールビズと言われていない場合は、ネクタイ（男性）・ジャケット着用で参加しましょう。それは、企業側が学生の皆さんのネクタイ・ジャケット着用の姿を見たいのだと想定して下さい。もしかするとそれが採用選考の一部分になっていることもあります。

説明会の会場では、できるだけ前の方に座りましょう。企業の方が説明している時に、前に居ると顔を覚えてもらえます。顔を覚えてもらうことが、その後の採用選考に有利になることもあるからです。

説明会中は、居眠りしたり、ほお杖をついたり、極度に姿勢を悪くしたりするのは言語道断です。けれども驚くべきことに、最近は説明会での居眠りがよくあるそうです。

説明会や集団面接で「何か質問はありますか?」と聞かれたら、真っ先に手を上げましょう。大きく外れていなければ、質問の内容にはこだわらなくて良いです。一番に質問するという行動そのものが高評価につながります。顔を覚えられ、入社意欲が高い、積極性があるという評価につながるからです。

逆に、遅い順番で質問をすると効果は薄いです。いくら質問内容が良くてもそうです。ただ、質問しないよりはいいので、質問はするようにしましょう。例えば五人の集団面接で、他の人は全員質問したのにあなたがしなかったら、マイナス評価になるかもしれません。

席を立つ時は、椅子を机の奥までしまいましょう。椅子が机から飛び出たままで離席する人が多いです。また、机の上のゴミも片付けるようにしましょう。それは基本的なマナーだからであり、それらをあとでチェックされることもあります。

(二) 面接会場

面接での入室は、礼儀作法（ノックの回数や挨拶の礼の角度、椅子の座り方など）も大事ですが、あまりそれにこだわらず、スムーズにキビキビと、そして堂々としていればOKです。

入室の練習は自宅でもできるので、自分で何回かしてみましょう。それを是非、動画で撮影して下さい。それを見ると、自分の良し悪しを客観的に見ることができます。そのあとに一度、人に見てもらい、スムーズにいかなくて、ぎこちないところがあれば指摘してもらいましょう。それでスムーズにできるようになったら、そこまでで良いです。

ほとんどの企業は、入室がスムーズであれば、細かな礼儀作法までは評価の対象としません。例えば、面接で入室時にドアをノックする回数が二回だったか三回だったかで評価が変わることはないでしょう。

入室後は、その次の第一声が大事です。良い表情でハッキリ話せば、それだけで好印象になります。その時、何を言うかは、面接官から指示があればそのとおり答えて下さい。指示がない場合は（わざとないこともあります）、自分から大学名と名前を言い、「よろしくお願いします」と礼を加えましょう。学部・学科名を入れても構いません。ただ黙って立っているのは厳禁です。挨拶できない人、という評価になる可能性が高くなります。

面接は最初にピークを持ってくるようにして下さい。出だしは緊張したり受身になったりしがちですが、最初が大事です。人は、初めに持った印象というのは、なかなか頭から離れない傾向にあります。採用選考でも同じなので、逆にそれを利用しましょう。

身だしなみも、最低限のマナーは重要です。
寝癖がついていたり、フケが目に見えるほど肩に掛かっていたり、ネクタイが目に付くほど曲がっていたり、シャツがズボンからはみ出していたり、靴が磨かれていなかったりしたら、相手は気分が良くないかもしれません。

家を出る前に必ず鏡を見て、そして企業に着く前にも駅のお手洗いなどの鏡を使って、必ず身だしなみを確認しましょう。

面接で椅子に座る時は、ズボンが上にあがって足元が見えることになります。靴下がスーツの色と合わない派手な色だったり、極端に短い靴下だと肌が見えたりしますので、足元にも注意しましょう。

以上、第一印象が重要であるということについて述べましたが、このテーマは、就職活動の中でも比較的簡単に身に付きます。第一印象につながること——企業の建物に入る、部屋に入室する、退出する、大学名・名前を言うこと——は、最低一回、少なくとも数回練習して覚えてしまえばすぐ身に付き、採用担当者の第一印象を上げることが可能です。

けれども、就職活動の準備で、このポイントにはあまり多くの時間を割かないようにしましょう。大事な第一印象ですが、前述のとおり、数回の練習をすれば時間をかけずに身に付けられますし、企業訪問や企業研究、エントリーシートの作成、自己PR、志望動機の作成、面接練習などには、ある程度の時間がかかるからです。

☑ work

部屋の入退出の練習をしましょう。大学の空き室を利用してもいいし、自宅でもできます。

解答例

できれば他の人に見てもらいましょう。それが無理な場合は映像に撮り、自分で見て確認することも、非常に効果が高いです。

企業へのコンタクト

13 求人情報の種類と活用

ポイント
就職情報サイトだけに頼らず、大学に来ている求人なども活用する。

学生の皆さんが企業の求人を得る手段は、大まかに次頁の図8のようになります。

(一) 就職情報サイト

現在はネット社会なので、求人情報を得るには、複数の民間企業が運営している「就職情報サイト」が主流となっています。これらは現在、全国の大学生の大半が一つ、あるいは二～三つのサイトに登録して利用しています。サイトは登録制となっていますが、企業情報や求人情報を閲覧するだけなら、登録しなくても利用できます。登録すれば、企業の説明会に応募したり、エントリーシートをネット上で提出できたり、合同企業説明会に申込んだり、ＳＰＩ（適性検査）などの模擬テストを受けたりできます。

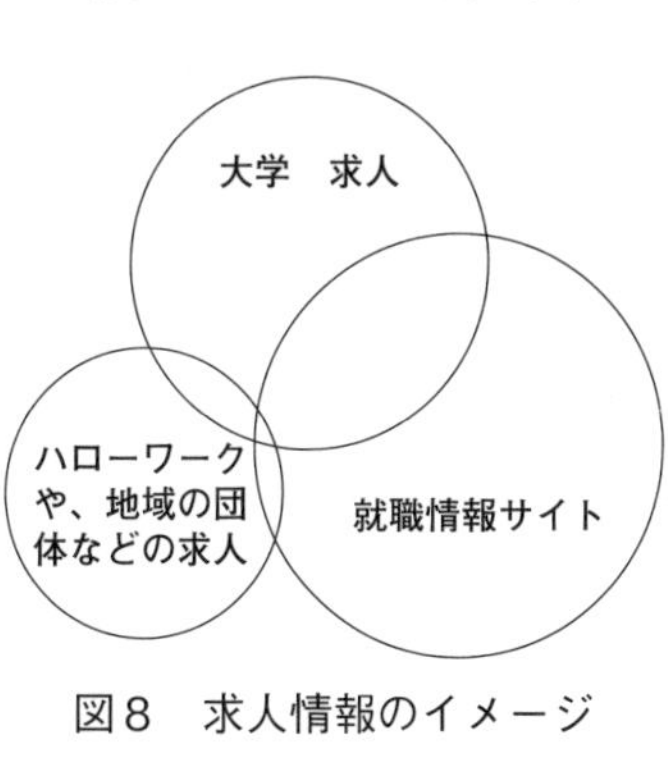

図８　求人情報のイメージ

企業側も一つ、あるいは複数のサイトに登録し、採用情報を掲載しています。企業がこれらに掲載する場合は有料で高額なことが多いため、多額な資金を運用する大手企業が中心となり、規模の小さい企業は資金の都合で掲載できないこともあります。

学生の皆さんにとってのメリットは、企業検索、エントリー、会社説明会の予約、エントリーシートの提出、スケジュール管理など、多くの便利な機能が付いていることです。

一方デメリットは、全国の学生たちが利用するために、それぞれの企業における採用選考の倍率が高いことが多いです。掲載されている規模の小さい企業でも、少なくとも採用枠の倍以上の応募者がいます。また、全国の不特定多数に向けて情報を発信しているので、その企業が、文系・理系や専攻分野、部活動の経験など、どのような学生さんをターゲットにしているのか分かりづらいことがあります。

(二) 大学求人

学生の皆さんに是非、積極的に活用してもらいたいのが大学求人です。大学のキャリア・就職担当部署はもちろん、所属している学部・学科にも来ていることがあります。

前述のように、現在はネットの就職情報サイトが便利なので、それだけを使う学生さんが多いのですが、大学求人には多くのメリットがあります。

企業はその大学の学生さんを採用したいから、その大学や学部・学科に求人します。全国には約八〇〇の大学がありますが、その全部の大学に求人を出す企業はほぼありません。企業は、大学や学部・学科などを絞って求人しているのです。企業側がどのように絞るかというと、卒業生の入社の有無、その卒業生の活躍の度合い、専攻分野、勤務地、社長や役員の出身大学、教員との付き合いなどからです。学部・学科まで指定している求人は、さらにターゲットを絞っていると言えます。

つまり、学生の皆さんにとってはとても貴重な求人情報です。しかし、必ずしも学生全員が利用してはいないので、是非、活用してほしいと思います。最近は、大学でも独自のサイトを持ち、ネット上で求人情報を発信していることが多いです。

ただ、図8のように、就職情報サイトにも掲載されて重複している企業があります。その場合、倍率は高いですが、大学にも求人が来ているので、来ていない企業よりは採用される可能性は高いと捉えることができます。

そして、大学に求人が来ていて就職情報サイトに載っていない企業は、倍率が比較的低く、非常に狙い目と言えます。

大学求人のデメリットとしては、情報が得にくい、キャリア・就職担当部署まで行かなくてはならない、大学のホームページから情報を得られてもエントリー機能がない、企業の更新頻度が少ないので、採用中か終わったのか分かりづらい、などがあります。

また、先ほど述べた狙い目の企業を見つけるには、その企業が就職情報サイトにも載っているかいないのかを、手間をかけて調べる必要もあります。調べ方は、まず大学の求人で、学科、業種、職種、勤務地などによって、自分が志望したい企業を探します。企業名が出てきたら、就職情報サイトで検索します。そこにも載っていれば倍率は高く、載っていなければ倍率は低いと推測できます。

メリットに戻りますが、大学のキャリア・就職担当部署は、それ以外にも利用価値があります。

大学で主催している企業説明会に参加している企業は、求人を送ってくるだけの企業よりも、さらに採用意欲が高いと言えます。業務で忙しい中、わざわざ時間を割いて大学まで来ているからです。また、大学主催の企業説明会には参加していなくても、求人紹介のために大学を訪問する企業もあり、それを大学が情報公開している場合も狙い目と言えるでしょう。

また、大学では新鮮な求人情報を持っています。例えば、○○を専攻している人、◇◇県出身の人、特に求人数を増やしている企業など、就職情報サイトや求人票には掲載のない、範囲を絞った情報を得ている場合があります。

大学には日々、企業の採用担当からその時期に限った情報などが寄せられ、大学の求人や説明会の情報などが常時更新されますから、何度も大学のキャリア・就職担当部署を活用するようにして下さい。

大学のキャリア・就職担当部署には、求人以外にも、エントリーシートの添削、企業情報やその企業の卒業生の紹介、就職相談などのサービスがあります。なかなか内定（内々定）を取れない人向けの講習もあります。また現在、多くの大学で、キャリアカウンセラーやハローワークの職員が大学に来て学生さんからの相談を受けるなど、学外の専門家も配置していることがあります。

これらは、卒業したら有料だったり予約が取りづらかったりするサービスばかりです。相談内容が具体的でなくてもいいし、就職活動の状況報告だけでも自分への気づきがあるので、行き詰まったら必ず利用して下さい。

（三）ハローワークや地域の団体など

ハローワークにも、新卒の学生向けの求人情報があります。ハローワークの場合は、中小企業が多く、就職活動の後半にかけて求人数が多くなる傾向があります。

地域の団体とは、雇用対策協議会、商工会、中小企業団体、ＮＰＯ法人などのことです。それらは地元企業中心の求人を提供しています。

メリットは、Ｕターン・Ｉターン希望の学生に有用なことです。地元で開かれる合同企業説明会もあります。就職情報サイトや大学求人にもない情報が多いため、応募人数が少ない可能性が高いです。そこまで目を向ける学生さんが少ないので、狙い目と言えます。企業側も、年々地元志向が高まる傾向があり、地元の機関に求人情報を提供します。デメリットは、就職情報サイトや大学求人に比べれば求人数が少ないことや、情報が得にくいことです。ただ、見つければレア求人の可能性が高いです。

その他、新聞（特に日曜日・月曜日の朝刊）、新聞の折り込みチラシ、駅やコンビニにあるフリーペーパーからも求人情報が入手できます。

求人情報がない企業に、自分自身で直接電話や手紙、メールなどで、採用予定があるか聞いてみるのも一つの手段です。そこから求人情報を得られることは稀ですが、もし得られたら、非常にレア求人です。ただ、もちろん採用選考は実施され、あなたが入社するのに相応しいかどうかは判断されるので、採用選考対策は必要です。

公務員（国家公務員・都道府県職員・市区町村職員・警察官・消防職員など公的機関）の採用試験、公立学校の教員採用試験は、それぞれの機関で募集要項を配布しています。また、大学のキャンパス所在地の近隣の都道府県・市区町村の情報は、大学のキャリア・就職担当部署で入手できることもあります。

公務員・学校教員の採用試験の流れ（募集期間・採用選考日・出題範囲など）は、例年同じ傾向にあります。前年度の情報を収集するなどして、受験する年に出願期間が過ぎてしまうことのないようにしましょう。また、倍率が高くテストの合格点も高い傾向があるので、早めに、少なくとも三年次には試験対策を開始して準備しましょう。

私立学校の教職員の採用試験は、それぞれの学校のホームページから情報を得るか、問い合わせる必要があります。採用選考を学校ごとに独自で行っている場合がほとんどです。

これまで説明してきたとおり、就職情報サイトが就職活動の主流となってはいても、その他にもたくさんのツールがあります。特に大学の求人は必ずと言っていいほど利用して下さい。図8にあったように、学生の皆さんにとって有益な情報がたくさんあるのに、使わない手はありません。

work A

ご自身の所属大学がどのように企業からの求人情報を発信しているか、調べま

しょう。

求人は、大学が独自のサイトを運営している場合や、紙面しかない場合など、大学によって異なります。

☑ work B

大学にしか来ていない求人を三社探して下さい。

（あなたが志望する業界か、まだ志望する業界・企業がない場合は、近隣にある企業などでも構いません。それらを就職情報サイトで検索し、就職情報サイトには載っていない、大学にしか求人が来ていない企業を探しましょう）

ヒント：規模の大きくない企業の方が見つけやすいです。

そして、就職活動中の方は、そのまま是非エントリーして下さい。

14 企業へのエントリーと会社説明会

ポイント 広報活動が開始されたら、遅れずにエントリーして説明会に行き、企業を比較する。

(一) 就職・採用活動の日程

学生の皆さんの就職活動の時期・企業の採用活動の時期に関しては、政府において、学生が学修時間などを確保しながら安心して就職活動に取り組むことができるよう、毎年度、関係省庁連絡会議を開催し、当該年度の大学二年次に属する学生などの「就職・採用活動日程に関する考え方」をとりまとめ、就活・採用活動日程を決定することとなっています。

「広報活動」とは、企業が学生の皆さんに、採用を目的とした情報発信をすることです。企業はこれ以降、自社サイトや就職情報サイトでエントリーを受け付けたり、大学に求人を送付したり、会社説明会を行ったりします。

「選考活動」とは、採用に関わる学生の選抜、具体的には面接のことです。ただし、適性検査（ペーパー及びウェブ）、エントリーシートの提出は、これ以前に行われることもあります。

二〇二二年卒のスケジュールは、広報活動が卒業・修了年度に入る直前の三月一日以降、選考活動が卒業・修了年度の六月一日以降となっています。

これに関しては二〇一八年の秋に大幅な見直しが行われ、それまでは日本経済団体連合会（経団連）が大学などの関係機関と調整してスケジュールを決めていましたが、これを廃止し、右記のようになりました。けれども、このスケジュールは変わる可能性があるため、今後、政府の発表や報道などで情報をチェックして下さい。場合によっては就職活動の出遅れの原因になることもあります。

（二）エントリーと会社説明会

企業は、広報活動の期間になったら、すぐに求人に関わる情報の発信、応募に関するエントリーを開始します。

〈4 就職活動の時期〉で述べたとおり、学生の皆さんにとって、就職活動は早いほど有利です。企業の採用選考の応募が始まったら、できるだけ多くの企業にエントリーしましょう。

エントリー後は、早いと即日、一般的には数日から数週間内に、会社説明会やエントリーシート提出、適性検査受験などの案内が来ます。

大事なのは、エントリーして反応のある企業の数です。

活動のペースの目安として、企業の選考活動（つまり面接）が始まる頃のピーク時には、少なくとも週の半分の日数は会社説明会、適性検査など何らかの予定が入るように活動して下さい。それ以下であれば、エントリー数が少ないと言えます（大学から連絡があった場合は、そちらを優先しましょう）。

特に、会社説明会で多くの企業を回るようにしましょう。その企業の現場を見ることは非常に大事です。働いた時のイメージを感じることができるからです。企業の場所は、自分が通勤できる場所かどうか、下宿が可能か、職場の雰囲気、人間関係、取引先企業の出入り頻度、お客様の様子、従業員の態度、どのような機器が入っているか、壁などに貼られている掲示物、整理整頓されているかなど、見るところはたくさんあります。

現在はネット社会なので、企業のホームページに写真や文言で説明が掲載されていますが、実際に自分の目で見ると、とても多くの情報が入ってきます。ネットやパンフレットは〝良いこと〟しか載せていない場合がほとんどだからです。

逆に、インターネットの掲示板やSNSなどには、根拠が不確かな悪い評判が書かれていることもあるので、それらに左右されず、自分の足を使い、自分の目で見て、その企業の善し悪しをつかんで判断材料にしましょう。

企業の良いところも悪いところも理解しないまま入社して、すぐに辞めてしまっては、就職活動を数ヵ月もしたことが無駄になってしまいます。あなた自身のために、足を使って就職活動をして下さい。

多くの企業を回ることは、他にもメリットがあります。

複数の企業を比較することができます。比較すると、あなたに合った企業を発見することができます。とても行きたい企業もあれば、第一希望が落ちた時のための企業、できれば入社を避けたい企業、絶対行きたくない企業なども出てきます。

また、ホームページを見て感じた企業の印象が、訪問して自分の目で見ると全く変わることは、よくあることです。

そして、それらをパソコンやノートに備忘録として記しておきましょう。多くの企業を訪問すると、忘れたり記憶が混在したりすることがありますし、企業同士の比較をするのにも有効だからです。

さらに、多くの企業を回ることは、志望動機にも結び付きます。一つの企業だけ見ても、その企業の特徴はなかなか分かりません。多くの企業を比較することで、その企業の秀でているところが見えてきて、それが志望動機の作成に結び付くのです。

専門的な分野を専攻している学生さんは、その分野に直結する業種・企業を志望することが多いですが、そこだけにエントリーする傾向があります。

例えば、機械を専攻している学生さんは、電機メーカーや自動車製造が直結しますが、それだけではなく、食品や製薬、建設業などの工場にも必ず機械があるので、採用の機会があります。

ＩＴ系の学科に所属している学生さんは、ＩＴを活かせるのはＩＴ系の企業だけでなく、どの業種・企業にもＩＴは活用されています。

外国語が専門の学生さんは、外資系企業や教員など、外国語が直結するところだけでなく、例えば町工場のような小さな製造業でも、外国語のできる人材を必要とする場合があります。最近は、開発を国内で行って、製造の全部あるいは一部を海外で行うため、国内の拠点と海外拠点を結ぶために、語学に理解のある人に入社してほしいという場合があります。

つまり、業界を絞らず、いくつかの業界にエントリーを行い、会社説明会に参加すると、思わぬ発見をしたり、採用選考に進めたりすることもあります。また、結果的にその企業に就職しなくても、これから社会に出る前の学生の皆さんには、社会勉強として将来につながることでしょう。

(三) オンライン説明会

二〇二〇年、新型コロナ感染症の感染防止を目的に、就職活動のオンライン化が加速しました。企業が実施する説明会は、今後もオンラインでの開催が継続されるでしょう。近年、企業では効率とコストカットが求められているので、不特定多数を対象にする説明会は、時間と場所を問わず、保存データを活用でき、会場費を抑えられるため、感染症対策にかかわらず、オンラインが一定程度、定着すると考えられます。

オンライン説明会の対策としては、参加時間・動画再生やアンケートなどがある場合は、企業は学生の皆さんのそれらの情報をダウンロードできます。それらがその後の選考に結び付くと想定し活動して下さい。ライブでの実施の場合は、最初から最後までつなぎ、保存データの場合は飛ばさず閲覧し、アンケートがある場合には必ず答えるようにしましょう。ただ、企業から別途連絡があった場合は、それに従って下さい。

就職活動の中で、企業へのエントリー→説明会に参加というのは、欠かせない流れです。時期を逃さずに実施しましょう。

work A

あなたの年度の就職活動の日程を調べて書き込みましょう。

これは、この本に直接書いて下さい。修正することはないからです。ご自身の備忘として書き込みましょう。

●広報活動　西暦　（令和　）年　月　日　開始

●選考活動　西暦　（令和　）年　月　日　開始

work B

ご自身で二社の企業を選出し、その二社のホームページを見て、次の表を作成しましょう。

できるだけ埋めて二社を比較して下さい。既に企業に訪問したことがある場合は、パンフレットなどを見るのも可です。

社名		
設立年		
従業員数		
所在地・勤務地		
事業内容		
企業理念		
採用予定数		
採用職種		
企業の印象		

解答例

比較することで、それぞれの企業の特徴を整理でき、自分がどちらに向いているかの判断材料にもなります。

就職活動や企業研究を行った結果、一〇〇%自分にマッチする企業が見つかることは、絶対にないと言っても過言ではありません。しかし、比較することで、より自分に適している企業を見つけることができます。また、比較する項目も、これら以外に、初任給、休日、賞与、勤務時間、社員寮の有無、採用選考申込み方法、欲しい人材など、自分で調整して作成して下さい。

15 採用選考は多くを同時進行で

ポイント
自分の活動量を管理し、選考途中の残社数をバロメータにする。

たくさんの新卒の学生さんたちが応募する企業（多くは大手・中堅企業）の採用選考は、選考期間が数ヵ月に及びます。

次に、一般的な企業の選考スケジュールの例を記します。

エントリー（就職情報サイトなどから選考の申込み）
↓（一ヵ月）

企業から会社説明会や採用選考の案内
↓（一ヵ月）
会社説明会・適性検査（もしくは筆記試験・性格検査）
↓（一ヵ月）
一次面接
↓（二週間）
二次面接
↓（二週間）
最終面接

※この企業では、内々定が出るまでに四ヵ月かかることになります

企業によって順番が変わったり、適性検査や二次選考などがなかったりしますが、大手・中堅企業は、多少の差はあってもこのように数ヵ月かかります。すべてが一ヵ月以内で終わるという企業は稀です。

ただ、大学で行われる学内企業説明会に参加する企業の場合は、比較的短い期間で終わる傾向があり、一、二ヵ月くらいで終了する企業もあります。それは、企業で行う説明会

を省略・短縮したり、あるいは早い回の説明会や採用選考を優先的に案内してくれたり、適性検査や一次選考などを免除してくれたりすることがあるからです。なぜかというと、それは先に述べたとおり、その大学の学生さんを採用することに前向きだからであり、学内説明会に参加している企業に応募するのはその点でも有効です。

次に学生の皆さん側の活動サイクルを説明します。例なので分かりやすいように、端的に記します。

初めに、好ましい例（A）です。

①最初に、五〇社にエントリー

→①は三〇社から会社説明会と適性検査の連絡が来る。適性検査後、一〇社から一次面接の案内が来る。

②その後、二ヵ月間で、さらに三〇社にエントリー

→①は五社通過し、二次面接の案内が来る。

②は一五社から会社説明会と適性検査の案内が来る。適性検査後、五社から一次面接の案内が来る。

③その後、二ヵ月間で、さらに二〇社にエントリー

→①は二社から最終面接の案内が来る。

②は三社通過し、二次面接の案内が来る。

③は五社から会社説明会と適性検査の案内が来る。適性検査後、三社から一次面接の案内が来る。

④その後、二ヵ月間で、さらに二〇社にエントリー

→①は二社とも不採用の通知が来る。

②は一社から最終面接の案内が来る。

③は二社通過し、二次面接の案内が来る。

④は四社から会社説明会と適性検査の案内が来る。適性検査後、二社から一次面接の案内が来る。

一ヵ月後に、②の一社から内々定の通知が来る。

集計すると、この学生さんは七ヵ月活動して、一二〇社にエントリーし、会社説明会と適正検査は五四回、面接の一次は二〇回、二次は一〇回、最終は三回の経験をしています。

実際はエントリー社数も経過期間も、景気（求人倍率）や大学の状況によりますが、これは良いケースの目安です。

多くの企業を受けて同時進行すると、適性検査、面接などの選考が日を置かずに次々とやってきます。エントリーシートの提出もあります。量が多いのは大変かもしれませんが、前の反省がすぐに活かせる状態となります。

次に好ましくない例（B）です。

①最初に、五社にエントリー

→①は三社から会社説明会と適性検査の連絡が来る。適性検査後、二社から一次面接の案内が来る。

②その後、二ヵ月間で、さらに二社にエントリー

→①は一社通過し、二次面接の案内が来る。

②は一社から会社説明会と適性検査の連絡が来る。適性検査後、不採用の通知が来る。

③その後、二ヵ月間で、さらに一社にエントリー

→①は不採用の通知が来る。

③は一社から会社説明会と適性検査の連絡が来る。適性検査後、一社から一次面接の案内が来る。

④その後、二ヵ月間で、さらに一社にエントリー

→③は不採用の通知が来る。

④は一社から会社説明会と適性検査の連絡が来る。適正検査後、不採用の通知が来る。

⑤二ヵ月後、一社にエントリー

このように、一社受けては結果を待ち、結果が来てから次を受けるという進め方だと、あっという間に数ヵ月が過ぎて、卒業の時期を迎えてしまいます。

このBを集計すると、Aと同じように就職活動を七ヵ月続けてはいますが、一〇社のエントリー、適性検査は六回、面接の一次は三回、二次は一回、最終は全く受けることができていません。しかも、それぞれの間が長いので、経験値が上がりづらくなってしまいます。面接だけに絞ると、二ヵ月に一回のペースです。先のAの一二〇社にエントリーした例と比べると、期間は同じでも量が全然違います。

表にすると図9のようになります。重要なのは残社数です。採用選考が進行している企業が何社残っているか（残社数）がポイントとなります。

A	①	② 2ヶ月	③ 2ヶ月	④ 2ヶ月	1ヶ月	計
エントリー	①50	②30	③20	④20		120
会社説明会 適性検査	①30	②15	③5	④4		54
面接試験 一次	①10	②5	③3	④2		20
面接試験 二次		①5	②3	③2		10
面接試験 最終			①2	②1	②内々定	3
残社数（太枠）	10	10	8	5	–	

B	①	② 2ヶ月	③ 2ヶ月	④ 2ヶ月	⑤ 2ヶ月	計
エントリー	①5	②2	③1	④1	⑤1	10
会社説明会 適性検査	①3	②1	③1	④1		6
面接試験 一次	①2		③1			3
面接試験 二次		①1				1
面接試験 最終						0
残社数（太枠）	2	1	1	0	1	

図9　AとBの比較

このAとBはあくまでも例ですから、雇用環境、それぞれの大学や学生の皆さんの個々の状況、次項のテーマとなっている推薦応募の有無などによって数字は変わります。

ただ、現状ではこのBのように残社数の少ない、もしくは全くない学生さんは、驚くことに非常に多いのです。エントリーシートや面接など採用選考の内容より前に、圧倒的に活動量が少なくて内定（内々定）が取れない状況です。残社数が少なければ確率は低く、全くなければ確率はゼロです。

つまり、ここで皆さんに理解していただきたいのは、Aのように複数の企業の採用選考を同時に受け、残社数を見てスケジュールを管理しましょう。選考の結果を待っている間も、さらに複数の企業にエントリーし、内定（内々定）が出るまで次の準備を絶えず繰り返して下さい。

同時に複数の企業を進めるのは大変かもしれませんが、先に述べたとおり、就職活動は遅くなるほど不利な状況につながります。あとで苦しむより、早い段階から活動量を増やせば、結果的に活動期間を短くすることにつながります。

さて、就職活動の結果、入社する企業が決まったら、まだ選考途中の企業には、速やかに選考辞退の連絡をしましょう。まだ就職活動を続けている学生さんはたくさんおり、企業も大変多くの学生さんの対応をしています。礼儀正しく断りの連絡を入れることで、周りの人を救うことになります。

☑ work

あなたが現在、就職活動をしている場合は、表にこれまでと現在の社数を記入しましょう。

解答例

「残社数」と右側の「計」をバロメータにして、活動量を確認し、調整して下さい。

	①	②	③	④	⑤	計
エントリー						
会社説明会 適性検査						
面接試験 一次						
面接試験 二次						
面接試験 最終						
残社数（太枠）						

＊この表はサンプルです。縦軸も横軸もご自身で調整して下さい。実際は一週間ごとに残社数（選考中の企業）を確認するのが望ましいです。

16 企業への応募ルート

ポイント
採用選考の応募は自分自身で行う。大学によっては「大学経由」の応募もあるが、採用選考の対策を必ず行う。

企業の採用選考を申込むのは、自ら企業を選択し、自分自身で行うのが基本です。これは、日本国憲法第二十二条第一項において、「何人も、公共の福祉に反しない限り、居住、移転及び職業選択の自由を有する」とあるのに基づき自分で選択することとなります。

実際には、学生の皆さんは就職情報サイトや大学の求人などから選択して自分で応募します。その多くは就職情報サイトから申込み（エントリー）することや、企業のホームページにエントリー専用ページがあり、そこから応募します。つまり、ネットからのエントリーが大部分を占めます。他に、メールや郵送で申込む方法もあります。現在では、雇用する側も、雇用される側も、それぞれに選択権があるという考え方です。学生の皆さんからすると、自分で働きたい企業を選ぶことに価値があり、また、その必要があります。これらの場合は、〈15　採用選考は多くを同時進行で〉を参照してエントリーを続けて下さい。

大学によっては、大学経由で申込んだり、話を通してもらったりすることがあります。それは、企業の採用担当部署やOB・OGなどから、大学のキャリア・就職担当部署や、学部、学科、研究室、教員などを経由して、応募の紹介がある場合です。さらに、推薦や紹介という名称で、大学から企業に学生を推薦・紹介する形態もあります。これらの詳細は後述します。その他に、家族や知人などのつながり（縁故）や、部活動やアルバイトなどを通じて声がかかるケースもあります。

大学経由での応募について、多くの企業と大学があるのですべてを説明することはできませんが、いくつかのケースを紹介します。

①大学関係者からの紹介

大学で行われる企業説明会や、教員、ＯＢ・ＯＧなどから、採用選考の応募催促がある場合があります。頻度は大学により差があります。催促されたら応募するか否かを判断し、その応募方法は紹介された人に聞くなどして確認して下さい。応募した場合、採用選考での優遇度合いも企業により異なります。早い時期の選考に案内されたり、適性検査や筆記試験、一次面接などの免除があったり、あるいは何もなかったり、と、応募する企業によります。

採用選考を受ける際は、必ず面接などがあり、その企業に入社するのに相応しいかどうかを判断されます。つまり、紹介で受けても自由応募と同じように、採用選考対策を行って採用選考に臨む必要があります。

②応募時の紹介・推薦

企業から大学に紹介・推薦依頼があると、大学から学生の皆さんに情報を発信して応募者を募る場合と、大学が学生を選定して声をかける場合があります。数は大学により差があります。

前者の応募者を募る場合は、通常、大学に依頼が来た時点で公表するので、大学からの情報を常に収集しておくのがポイントです。また、公表の仕方も紹介や推薦と明記して分かりやすい場合もあれば、求人票の応募書類の中に、履歴書や卒業見込み証明書と並んで〝推薦可能な場合は推薦状〟などと、よく見なければ気づかない場合もあります。

企業からの紹介・推薦は、大学全体に来る場合や、学部・学科、研究室単位、条件（資格を持つ人など）をクリアする学生などの指定がある場合があります。大学から情報を発信する際、受け付けた部署（学部・学科など）が発信することや、大学のキャリア・就職担当部署が一括して発信することがあり、大学や企業により異なります。

注意しなければならないのは、このケースで応募する場合も①と同じく必ず採用選考があり、その企業に相応しいかどうかを判断されます。相応しくなければ不採用という結果もあります。そのため、この場合も自由応募と同じように、採用選考対策を行って下さい。

③選考途中の紹介・推薦

自由応募で採用選考を受け、エントリーから最終面接の間で、企業から大学が発行する紹介状や推薦状などを求められる場合があります。その時は、大学の担当部署に発行を依頼して下さい。これは、企業からすると入社して欲しいので、第一志望である意思を示してもらうために求めると考えられます。

このケースでは、その企業があなたにとって第一志望であるか否かです。推薦状などを提出した企業から内定（内々定）を得たら、入社することが前提です。但し、大抵の場合、この状況では同時進行で複数の企業の選考を受けているので、その企業が必ずしも第一志望でない場合や、まだ分からない場合には推薦状などを提出することはよく考えた方がいいでしょう。ご自身で解決できない場合は、大学のキャリア・就職担当部署に相談しましょう。

またそれらを提出したとしても、まだ選考中なので採用選考対策を続けて下さい。

④内々定後の推薦

内々定と同時に企業から、大学が発行する推薦状や紹介状などを求められる場合です。これも③と同じように、第一志望であることが前提ですから、その企業よりも志望度の高い選考中の企業があったり、複数の企業から内々定を貰ったりしている場合は、よく吟味して提出して下さい。入社する意思が固まっていないのに提出すると、あとでトラブルになる可能性があります。困った場合は、キャリア・就職担当部署に相談しましょう。

応募ルートに関して、近年、就職支援業者によるスカウトが増えてきました。スカウトとは、学生の皆さんが自身のプロフィールをスカウト会社に提供し、それを見た企業が声をかけてくるというものです。それ自体は悪くありませんが、応募する際は、自由応募と同じように企業研究を行って下さい。スカウトには、就職支援業者に応募者数のノルマが課せられていることなどがあり、そのため、企業もしくは支援業者から学生さんに、甘い情報のみを提供している場合があるからです。

このように、企業への応募にはいくつかのパターンがあり、これまで紹介したものがすべてではありません。詳細はご自身の所属大学で確認して下さい。

大学からの紹介や推薦での応募は、それ事体が内定（内々定）ではないので、〝受験資格を得た〟とか〝一次選考（書類審査・適性検査など）を免除された〟という程度に考え、その先は自由応募と同じように採用選考対策を行って下さい。最終的には、その企業で働いていけるかどうかを主な基準に採否を判断されます。

公務員や教員採用試験にも推薦申込みがある場合がありますが、企業のケースと同様に考えるべきです。

☑ **work**

ご自身の所属大学や学部、学科、研究室に、どのような応募ルートがあるか調べてみましょう。

解答例

その情報が掲載されている掲示板を探す、企業の求人票を見るなどして下さい。もしくは、先輩や大学のキャリア・就職担当部署などに聞いてみるのもいいでしょう。

17 企業研究の仕方

ポイント
ホームページ、パンフレット、求人票などで企業のことを調べる。

（一）事業内容・業種・職種・所在地

「うちの企業名は、ビールメーカーの名前が頭に付いていますが、お酒のビールは扱っていません。けれども、志望動機でビールという学生さんがたくさんいるんです。いくら優秀な学生さんでも、受ける企業の内容を少しも理解していない方は、もちろん次の選考には進めませんよ」

「うちはシステムエンジニア職を募集していますが、社内で社員がプログラムを打つことはほとんどありません。プログラムは外注します。大学でプログラミングを勉強してきたのでプログラム作成で活躍したいという学生さんが多くて……」

「うちは電機メーカーですが、ゲームを作りたいという学生さんが来ました。弊社は掃除機、洗濯機などの家電から、新幹線や人工衛星まで幅広い製品を作っていますが、さすがにゲームは作っていませんし、これからゲーム業界に進出するなんて、全く報じたこともありません」

このような例を、企業の採用担当者の方から幾度か聞いたことがあります。

企業の事業内容については、ホームページにサービス内容や製造分野などが必ず書いてあります。採用専用ホームページには掲載されていなくても、企業のページには掲載されています。今では零細企業でも自社のホームページを持っている場合が多いです。あなたがこれまで持っていたイメージに頼らず、それらを必ず実際に見て確認しましょう。

次に、業種・職種についてですが、業種はその企業が営む事業のことで、例えば、製造業、小売業、情報通信業、金融業、運輸業、教育業などがあり、製造業でも自動車、機械、電気、食品など、さらに細分化されます。職種は、どんな仕事かを指します。例えば、技術職、販売職、営業職、システムエンジニア、教員などがあります。

学生の皆さんは主に、大学で専攻してきた分野や経験したことを中心に、それらを活かせる仕事を探すでしょう。企業のホームページや会社説明会などで、その企業の業種や職種などについて調査し、確認しましょう。例えば、野球部に所属していてプロ野球選手になるなら分かりやすいですが、一〇〇%自分の技術や知識、能力、経験を活かせる企業を探すのは難しいことです。けれども、できる限りそれらを活かせる仕事に就くべく、企業のホームページやパンフレット、会社説明会などで情報収集して調べて下さい。

次に、所在地についてですが、本社は当然のことながら、支社・工場・店舗などを調べると、その企業がどの場所に進出しているかが分かります。拠点のない場所を、採用選考の時に希望勤務地として言ってしまうことがないようにしましょう。また、海外に拠点があるかも見ましょう。海外にある場合、海外勤務の可能性もあります。面接やエントリーシートでは海外経験や語学について聞かれることを想定し、答えを考えておきましょう。

求人票やそれに付随する青少年雇用情報にも、学生の皆さんに有益な情報が掲載されています。今ではほとんどがネットにも掲載されています。

　求人票では、事業内容、社長名、設立日、従業員数、上場の有無、休日、勤務時間、給与、手当、昇給、賞与、採用人数、採用条件（専攻分野や資格の有無など）などが掲載されています。

　青少年雇用情報は、平成二八年三月一日から、若者雇用促進法に基づいて、新卒者などに平均勤続年数や研修の有無及び内容といった、就労実態などに関する職場情報を提供する仕組みとして、求人票に追加されました。新卒者などの募集・求人申込みを行う企業は、労働条件を的確に伝えることに加えて、幅広い職場情報を提供することが努力義務とされています。これにより、直近の三事業年度の新卒者などの採用者数・離職者数、前事業年度の月平均所定外労働時間、有給休暇の平均取得日数などの情報を知ることができます。

　これらの情報は、採用選考の面接で取り上げる事項ではないものがほとんどですが、学生の皆さんが企業選択をする際には重要な情報であるとともに、入社の際のミスマッチを防ぐことにつながるものなので、確認することをお勧めします。

求人票サンプル

　これらの点を踏まえ、皆さんが所属する大学は、学生の皆さんの専攻分野や能力、希望する企業の志向などを分かっています。それぞれの大学で行われる企業説明会や大学が紹介する企業は、それらを分かって企業を選んでいます。つまり、マッチする可能性が高いので、是非、活用して下さい。

（二）企業が大事にしていること

企業研究で押さえておきたいのは、事業内容に関してだけではありません。企業が大事にしていること、経営方針、創始者や社長の言葉、欲しい人材、企業のモットーなど、企業の根幹に関わる事項もあります。これらを、日本の企業はとても大事にしています。その企業が大事にしていることがなくなったら、その企業はなくなるほど大切です。その企業とは何なのか、つまり社是（社訓）にあたることが表現されています。同じ業種やライバル企業でも、この部分は違います。逆に、違う業種でも同じような企業もあります。

この根幹を理解していないと、入社してからミスマッチの原因になることもあります。これについては、次の「企業とのマッチング」編でも詳しくお伝えします。

企業研究というと「研究」という文字から難しく考えがちですが、皆さんの大学で先生が行っている研究のような高度なものではありません。それは企業のホームページやパンフレットなどを調べ、掲載されていることを確認することです。必ず行うようにしましょう。

☑ **work** ※〈14 企業へのエントリーと会社説明会〉のワークB使用（一一五頁）

現在、就職活動が進行中で採用選考を受けている、または受ける予定の企業の比較をして下さい。

〈14〉のワークBの表、もしくはご自身でまとめているものを使って、継続して企業を比較して下さい。

解答例
比較することで、それぞれの企業の違いを認識できます。次の「企業とのマッチング」編で活用して下さい。

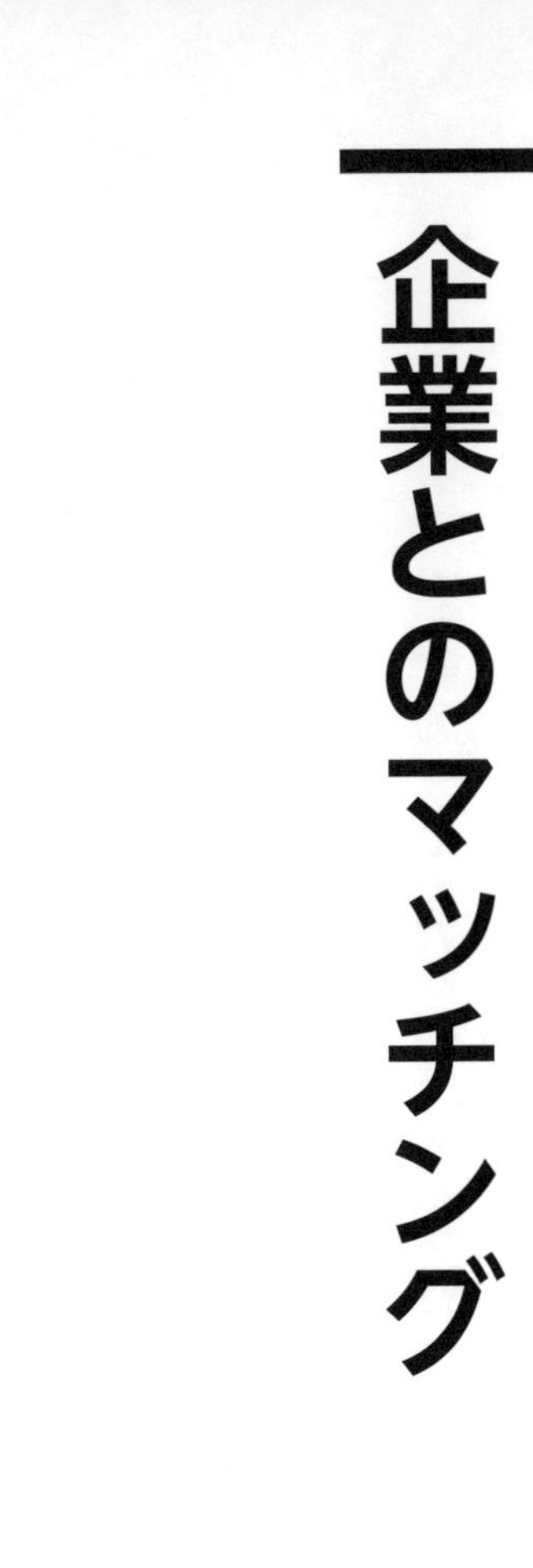

一　企業とのマッチング

18 企業が大事にしていることと社会人基礎力

ポイント

「社会人基礎力」で自分の能力を計り、「企業が大事にしていること」とのマッチングを確認する。

(一) 企業が大事にしていること

前テーマで述べたとおり、企業には大事にしていることがあります。その企業の〝心〟や〝DNA〟とも言うべきもので、社是、経営理念、企業理念、創業者や社長の言葉・挨拶、経営哲学などで表現されます。

ほぼすべての企業は、何らかの〝想い〟があって設立されており、その設立の想いは何年経っても引き継がれています。

企業にとって大事なことには財務もありますが、一時的に赤字になっても、企業は簡単には潰れません。しかし、企業の心・DNAが途切れたら、その企業の存在価値がなくなります。つまり、そこで消滅してしまうでしょう。

採用選考でも、企業が大事にしていることを採用の基準とします。つまり、面接やエントリーシートでそれに合う学生さんを採用し、合わない学生さんは採用しないということです。いくら成績が良くても、いくら部活動で頑張っても、いくら資格を取っても、いくら体力があっても、いくら人付き合いが上手でも、企業の心・DNAと合わなければ不採用になるでしょう。その他、大学での専攻や資格、能力、技術なども基準となり得ます。

学生の皆さんとしても、企業が大事にしていることはとても重要です。それを理解せず無理に内定を取って入社しても、企業が大事にしていることがあなたと合わなければ、ミスマッチの原因になります。ただし、自分と一〇〇%マッチする企業を見つけることはできません。合わない企業への入社は避けなければなりませんが、完全に合う企業を探し続けるのも不可能と言っていいです。

企業によっては、大事にしていることを「欲しい人材」（もしくは「求める人物像」など）に置き換えて、採用ホームページやパンフレットで掲げています。

そのいくつかを紹介しましょう。

N社（IT系）
経営理念：常に最先端のIT技術を探求し、社会の健全な発展に積極的に貢献する
欲しい人材：自分の意志で進んでいくことができ、前向きに自分の道を切り拓いていける人

T社（自動車部品製造）
企業理念：魅力ある技術により、情熱を注いだ製品を世界の顧客に提供し、未来社会の発展に貢献する
欲しい人材：既存の製品に甘えず、今以上に世の中に評価される商品を開発する、高い志と実行力を兼ね備えた方

B社（小売業）
社長の挨拶：コンプライアンスに徹し、人々が安心して参加できる企業づくりを進め、

地域社会から信頼される企業
欲しい人材：柔軟な発想を持ち、チャレンジし続ける人

I社（商社）
企業目標：高い信頼性や安全性により、満足と安心される製品を送り出し、グローバルに社会経済の発展に貢献すること
欲しい人材：強みがある人、やりたいことがはっきりしていて行動を起こせる人、コミュニケーション力が高い人

いかがでしょうか。言葉は違いますが、それぞれの企業で「大事にしていること」と「欲しい人材」の二つが大体同じ方向性なのがお分かりいただけたでしょうか。

これらは一社一社が大事にしていることなので、それぞれ特徴があり、企業の方向性が表れています。

（二）社会人基礎力

日本国内には数百万社も企業があるので、企業が大事にしていることをまとめることは

できませんが、あえて近いものにまとめるとすれば、経済産業省が出している「社会人基礎力」があります。

社会人基礎力

●前に踏み出す力（アクション）

主体性：物事に進んで取り組む力。指示を待つのではなく、自分でやるべきことを探して積極的に取り組む

働きかけ力：他人に働きかけ巻き込む力。周りに呼びかけ、目的に向かって人々を動かしていく

実行力：目的を設定し確実に行動する力。自ら目標を設定して行動に移し、粘り強く取り組む

●考え抜く力（シンキング）

課題発見力：現状を分析し、目的や課題を明らかにする力。目標に対し、ここに問題があ

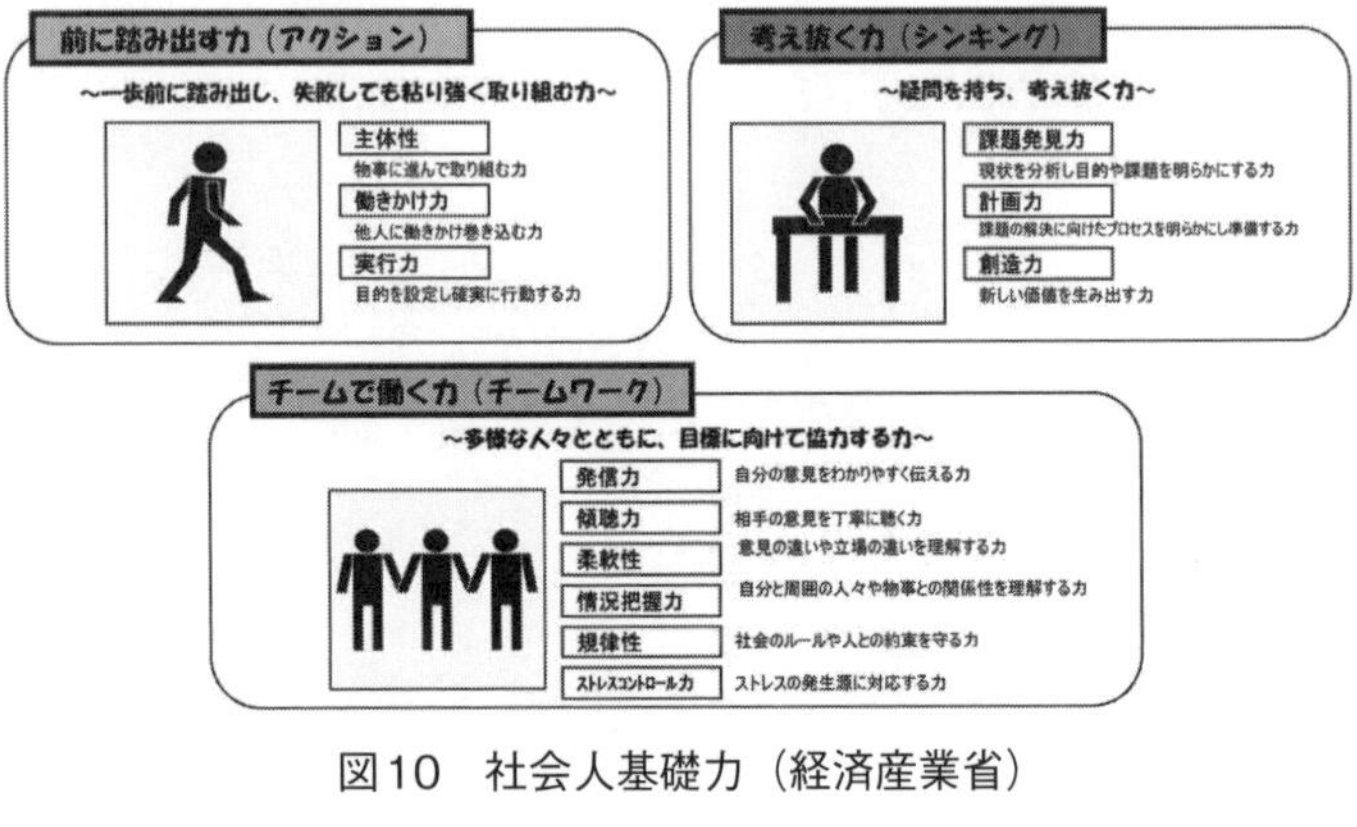

前に踏み出す力（アクション）
～一歩前に踏み出し、失敗しても粘り強く取り組む力～
主体性
物事に進んで取り組む力
働きかけ力
他人に働きかけ巻き込む力
実行力
目的を設定し確実に行動する力

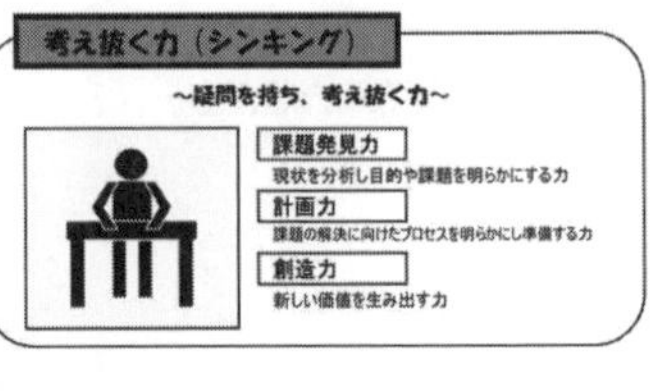

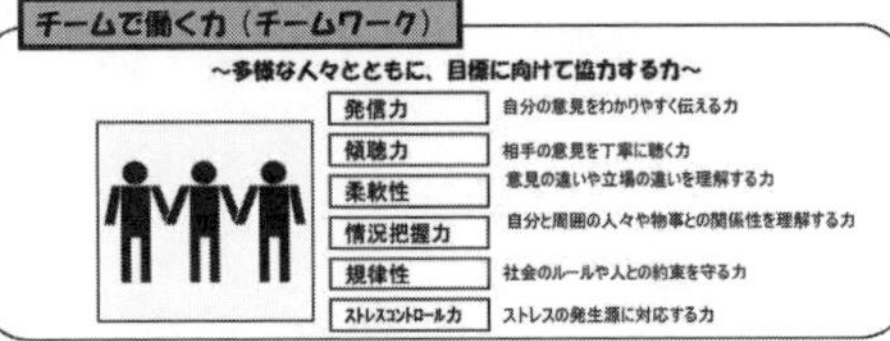

図10　社会人基礎力（経済産業省）

り、解決が必要だと自ら提案する

計画力：課題の解決に向けたプロセスを明らかにし、準備する力。課題の解決に向けた複数のプロセスを明確にし、最善のものは何かを考え、それに向けた準備をする

創造力：新しい価値を生み出す力。既存の発想にとらわれず、課題に対して新しい解決法や今までになかった方法を考える

●チームで働く力（チームワーク）

発信力：自分の意見を分かりやすく伝える力。自分の意見を受ける側が分かりやすいように整理し、理解してもらうように的確に伝える

傾聴力：相手の意見を丁寧に聴く力。相手が話しやすい環境を作ったり、適切なタイミングで質問したりするなど、相手の意見を引き出す

柔軟性：意見の違いや立場の違いを理解する力。自分の考え方に固執するのではなく、相手の意見や立場を尊重し理解する

情況把握力：自分と周囲の人々や物事との関係性を理解する力。グループで仕事をする時、自分がその中で、どのような役割を果たすかを理解する

規律性：社会のルールや人との約束を守る力。その時の状況に応じて、社会のルール

に沿って、自らの発言や行動を適切に律する

ストレスコントロール力：ストレス発生源に対応する力。ストレスを感じる場面でも、それを成長の機会だと捉えて、肩の力を抜いて対応する

この「社会人基礎力」は、経済産業省が二〇〇六年に「職場や地域社会で多様な人々と仕事をしていくために必要な基礎的な力」として提唱しました。自己を認識して振り返ることに活用できるので、自己分析にも使えます。

また、もう一度述べると、「企業が大事にしていること」や「企業が欲しい人材」を、この「社会人基礎力」に置き換えることができます。次のワークでやってみましょう。

☑work A

先ほどの四社の次の項目を、「社会人基礎力」の中で当てはまる力に置き換えてみましょう。（複数選択可）

N社の経営理念「常に最先端のＩＴ技術を探求し、社会の健全な発展に積極的に貢献する」

Ｔ社の欲しい人材「既存の製品に甘えず、今以上に世の中に評価される商品を開発する、高い志と実行力を兼ね備えた方」

Ｂ社の社長の挨拶「コンプライアンスに徹し、人々が安心して参加できる企業づくりを進め、地域社会から信頼される企業」

Ｉ社の欲しい人材「強みがある人、やりたいことがはっきりしていて行動を起こせる人、コミュニケーション力が高い人」

解答例

解答にはゆとりを持たせてあります。これは前述したとおり、一〇〇％マッチする企業はなく、できる限りマッチすればいいからです。

N社……主体性（もしくは実行力）、創造力（もしくは計画力）
T社……実行力（もしくは主体性）、創造力（もしくは課題発見力）
B社……傾聴力（もしくは柔軟性、情況把握力）、規律性
I社……実行力（もしくは主体性、発信力）、情況把握力

あなたが既に志望する企業や採用選考中の企業がある場合は、同じように置き換えてみましょう。

☑ work B

これまでワークで行った内容のそれぞれが、「社会人基礎力」のどれと結び付くか、一つあるいは二つ選んで下さい。

- 「大学時代に頑張ったこと」 ↓ 〈7　就職活動での構文作り〉

●「長所・短所」↓〈8　答えは一つに絞る〉
●「自己PR」↓〈10　〝凄いこと〟は必要ない〉
●「ネガティブだと思う出来事を乗り越えた（乗り越えようとしている）エピソード」
　↓〈11　〝普通〟や〝ネガティブ〟を強みに〉

解答例

結び付いた「社会人基礎力」の多い項目が、あなたの特性や能力に近いと言えるでしょう（もし、大学時代に頑張ったこと、長所・短所、自己PRが書けていない場合は、直感で選んで下さい。それも企業選びの参考になります）。

19 企業とエピソードのマッチング

ポイント

企業が大事にしていることを理解し、自分のエピソードとのマッチングを確認する。

前のテーマの続きになります。

前述のとおり、「社会人基礎力」は一二項目あります。これは〝基礎力〟なので、学生の皆さんにはすべて持っていることが求められますが、人それぞれにより、強い項目、弱い項目があると思います。けれども、全くその能力がない、全くあてはまらないという項目はないのではないでしょうか。

前テーマのワークでも多かった項目は、あなたにとって秀でた能力ですが、それ以外の項目も、全く自信がない、能力がないということはないと思います。
皆さんは約二十年生きてきました。そのどこかで「社会人基礎力」の一二項目の能力が活かされたことがあるでしょう。その場面を思い出せば、就職活動のエピソードになりえます。

次のサンプルを見て下さい。
ある企業で、「主体性があって物事に進んで取り組む人」が欲しいとします。その企業の採用選考で、A、Bの人が自己PRを次のように言いました。あなたが採用担当だとしたら、どちらの人を選びますか？

A 私はチャレンジ精神があります。大学二年の夏休みを利用して、〇〇銀行にインターンシップに行きました。私が大学で専攻している経済学が、どのように実際に役立つか知りたかったからです。実際に経験すると、主に簿記が業務に活かされていることを知りました。ただ、一社見ただけでは足りないと思ったので、二年の冬休みと三年の夏休みに、別の銀行にもインターンシップに行きました。このように私は果敢に物事に取り組みます。

B 私はコミュニケーションが得意です。大学の歴史学のゼミで、織田信長の死因について調査する課題が与えられました。ゼミの中では、文献から調べるか、現地に行って調べるかで意見が分かれました。私はそれぞれの意見を聞き、先生に相談をしたところ、初めに概要を知る必要があるとのことで、それを皆に伝え、文献を調べることになりました。このように人の橋渡しをした経験を、社会人になっても活用したいと思います。

どちらが「主体性」を掲げる企業に合っているでしょうか？ それは、Aの人の方が合っています。社会人基礎力と照らし合わせると、Aは主体性、Bは柔軟性に近いからです。

ここでは自己PRを例に挙げましたが、大学で力を入れたことや、どのような社会人になりたいか、志望動機などの質問も、企業が大事にしていることや欲しい人材に沿った内容の学生さんが、その企業で働いてもマッチする可能性が高いでしょう。

このように、採用選考の面接やエントリーシートなどで、学生の皆さんは何気なく言ったり書いたりしたものでも、採用側は皆さんから出てくる言葉の一つ一つを判断材料とし、企業が大事にしていることや職場でマッチするかどうかを見極めていることを理解して欲しいです。

言い方を変えると、それぞれの企業の大事にしていることや欲しい人材に応えて、自己PRや長所、志望動機などが作成できるということです。採用選考を受ける企業のチャンネルに合わせて、面接したりエントリーシートを書いたりできるのです。

これは自分のエピソードを、企業の欲しい人材に合わせて語っているのですから、決してうそではありません。相手の要望を受け止め、それに応えることは、ビジネスの社会ではとても重要なことの一つです。

これについては、就職活動では基礎というより応用になってきます。複数の企業から内々定を得られる学生さんは、チャンネル合わせが上手な場合が多いです。就職活動で学生の皆さんにとって企業は「お客様」だと説明しました。そこで、企業の「欲しい人材」という「お客様の要望」に応えているので、受け入れられるのです。

ただ、相手に合わせるのも行きすぎると危険が伴います。企業の欲しい人材に自分を無理に合わせて入社すると、入社後もそのまま自分に無理を課さなければならず、ミスマッチの症状が表れる可能性があります。

やはり、できるだけ自分にマッチする企業に入社できるように、企業探し・企業研究、エピソード作り、自己分析などを通して就職活動をする方がいいのです。内々定を複数取っても、入社できるのは一社だけです。最低限、少しでも自分に相応しい一社から内々定を貰えればいいのです。

就職活動でこのことを知っているがために、エントリーシートや面接で、ストレートに伝えすぎてしまう場合もあります。例えば面接で、「貴社のホームページに、欲しい人材として『絶えず挑戦する人』とありました。私は、それに向いていると思います」と発言したとします。けれども、それだけだと、聞いている側はなぜ向いているのか理由（エピソード）がないので分からず、企業に無理に合わせようとしているのが見え見えで、採用するに至らないという判断になるでしょう。

☑ work

前テーマのワークであなたに該当しなかった「社会人基礎力」の項目の一つを使って、次の質問に答えて下さい。（200字程度）

「周りの友人から、あなたはどんな人だと言われますか？」

解答例

「答え＋理由・エピソード＋結論」の構文を使って下さい。

どの質問でもそうですが、基本的にエピソードは大学時代のものを使いましょう。なかったら高校時代のものでもやむを得ません。高校以前の話も駄目ではないですが、小中学校の話だと古すぎるので、エピソードが全くない場合に使うに留めましょう。

今回は200字〝程度〟という設定をしました。この場合は、その文字数の前後九割と考えるといいでしょう。今回は180〜220字になります。

20 志望動機は二つ

ポイント

「自分」と「企業」の二つに由来する志望動機を用意する。

志望動機は、採用選考の面接やエントリーシートで間違いなく聞かれる質問です。その企業に入社して働く〝意欲〟を確認されるので、「志望動機を教えて下さい」と直接か、言葉は違っても必ず質問されます。

志望動機には、「自分」と「企業」の二つのことが入っているのが望ましいです。

（一）自分に由来する志望動機

自分に由来する志望動機とは、「なぜその企業に入社したいと思うのか」です。あなたにどのような価値観や能力、経験、学んだことなどがあって、それらをどのように企業で活かすのかに関わってきます。

自分に由来する志望動機とは、次のような例です。

①大学の授業で英文学を専攻していたので、語学を活かして貴社の輸出部門で業務に取り組みたいです。

②大学ではバスケットボール部の部長をしていて、日々練習方法などを工夫して行ったので、この改善する姿勢を貴社で活かしたいです。

このように、自分の価値観や能力、経験などをもとに、自分がなぜ入社したいのか、入社してどうしたいかの動機を伝えます。

（二）企業に由来する志望動機

企業に由来する志望動機とは、あなたが考える「その企業の魅力」です。その企業のどこに惹かれたのか、ということです。学生の皆さんは、その企業の採用選考の前に、企業研究をされたと思います。または複数の企業を比べられたと思います。それらによって、何かを感じてその企業の採用選考を受けているはずです。その感じたことが、相手に由来することとなります。

企業に由来する志望動機とは、次のような例です。

①貴社はオリジナル商品の海外展開を図っていると聞き、貴社の優れた商品を外国に伝えたいと思いました。

②貴社は経営理念として「変化とチャレンジ」を挙げており、絶えず新しいことに取り組む姿勢に魅力を感じました。

(三) 二つの動機をつなげる

自分に由来する志望動機と企業に由来する志望動機を用意したら、それらをつなげます。

先ほどの例をつなげると、次のようになります。

①大学の授業で英文学を専攻していて、海外で活躍できる社会人になりたいと考えました。貴社ではオリジナル商品の海外展開を図っていると聞き、私が学んできた語学を

活かしたいと思いました。

②貴社は経営理念として「変化とチャレンジ」を挙げており、絶えず新しいことに取り組む姿勢に魅力を感じました。私は大学のバスケットボール部の部長として日々練習を工夫して行った経験があり、それを活かして貴社に貢献したいと思います。

このように、自分に由来する動機と企業に由来する動機をつなげると、志望動機に結び付きが生まれます。さらに、それらがマッチしている必要もありますが、それは次のテーマで説明します。まずは、志望動機に「自分」と「企業」の両面を備えましょう。

より理解するために悪い例を挙げます。自分に由来する志望動機だけ、もしくは企業に由来する動機だけになることです。

自分に由来する動機だけだと、例えば「私は英語が得意です。それを発揮したいです」となり、語学ができるという主張だけに聞こえてしまいます。もしくは、「パソコンクラブに入っていました。パソコンなら誰にも負けません」だけだと自慢に聞こえます。

また、企業に由来する理由だけで、例えば、「貴社はオリジナル商品の海外展開を図っていると聞き、その製品をもっと拡げたいです」だけだと、自分の能力を活かせるのかが分からず、もしくは、「貴社はデザイン大賞を取っており、凄いと思います」だと、企業を褒めているだけとなります。

自慢するのも褒めるのも悪いことではありませんが、どちらかだけだと、入社して働きたい理由としては不足を感じます。


また、自分に由来する志望動機と企業に由来する志望動機の双方の内容がマッチしていないと、企業側は、「この人はなぜうちを志望したのか?」と疑問を持ちます。例として、先ほどの①と②をつなげると次のようになります。

「大学の授業で英文学を専攻していて、語学を活かしたいと考えました。貴社は経営理念として『変化とチャレンジ』を挙げており、絶えず新しいことに取り組む姿勢に魅力を感じました」

いかがでしょう。この表現では、強固な志望動機と感じるのは難しいのではないでしょうか。


少し話がそれますが、気をつけてほしいことがあります。それは、志望動機での答えや、「質問はありますか?」と聞かれた時に、その企業の労働環境に関する発言はしない方がいいでしょう。

例えば、志望動機の質問に対し、次のような答えです。

「貴社の説明会の時に、週休二日は必ず取れ、有休も実質年間二〇日取っていると聞いたので、魅力に思い応募しました」

「貴社は県内にしか営業所がありませんので、転勤がなく地元にいられると思ったので、入社したいと思いました」

また、面接時に企業に関する質問として、

「入社して十年、二十年経った社員の方の平均年収を教えて下さい。また、ボーナスは必ず出ますか？」

「残業はどのくらいありますか？　残業したら残業代は必ず出ますか？」

確かに、学生の皆さんにとって就業形態・労働環境は重要な企業選びの基準だと思います。しかし、それを面接やエントリーシートなどの採用選考で述べてしまうと、採用側は、「この学生さんは残業や給料、勤務地など、お金や早く帰ることにこだわり、我社に貢献する気はないのでは？」と判断し、採用を見送ることとなるでしょう。

労働環境や賃金については、それらについての法律や決まりがあり、企業側は遵守しなければなりません。ただ、採用選考の場では、右記の理由によりそうした発言をするのは控えましょう。

どうしても気になる場合は、大学のキャリア・就職担当部署で聞いたり、「会社四季報」（東洋経済新報社）などの企業関連雑誌で調べたりしましょう。もしくは、会社説明会で採用担当者に聞く手もあります。けれどその場合でも、採用選考に影響しないとも限らないので、その企業で働く知人やOB・OGを紹介してもらって聞く方が無難です。

大学のOB・OGを紹介してもらう方法は、その企業の人事・採用担当に直接連絡して下さい。知っている先輩がいれば名前を伝えてもいいし、部署や職種の要望を伝えれば、名前を知らなくても紹介してくれる場合があります。

また、大学のキャリア・就職担当部署で紹介している場合もあるので、ご自身の所属大学に問い合わせて下さい。

☑ work

次の、「自分に由来する志望動機」と「企業に由来する志望動機」を上手くつなげて、採用選考の場で話したり、エントリーシートに書いたりするつもりで文章を作って下さい。

●自分に由来する志望動機A
フットサルサークルで副リーダーを務め、他流試合を週一で組みました。その調整力を社会で活かしたいです。
●企業に由来する志望動機A
貴社はイベント企画者を募集しており、お客様と主催者の結び付きをしたいと思い、応募しました。
●自分に由来する志望動機B
私の父が電気設備の技術者なので、父の姿を見て私もその道に進みたいと思いました。
●企業に由来する志望動機B
貴社は半導体のシリコンウェハーでは世界シェア一位なので、その技術の継承者になりたいと思いました。

解答例

自分と企業に由来するそれぞれの志望動機を組み合わせると、解答は次のようになります。

A：貴社でお客様との結び付きをしたいです。貴社はイベント企画者を募集しています。私は大学でフットサルサークルに所属して副リーダーを務め、他流試合を週一で組んだことにより調整力を付けてきました。この調整力を活かして、貴社とお客様を結び付け、業務をさらに進めていきたいと思います。

B：私は技術者として貴社の技術を継承したいです。私の父は電気設備の技術者でした。その父の姿を見て私も技術者になりたいと思っています。貴社は半導体のシリコンウェハーでは世界でシェア一位と伺っております。私の技術者になりたい夢を、貴社の技術を継承することで叶えたいと思います。

「答え＋理由・エピソード＋結論」の構文を使いましょう。

自分に由来する動機と、企業に由来する動機の順番は、どちらが先でもあとでも構いません。内容としてつながることに意識を置いて作成して下さい。

21 志望動機 ――企業と自分の相性

ポイント

「企業が欲しい人材」と「自分に由来する動機」のマッチングを確認する。

〈19 企業とエピソードのマッチング〉で、企業が大事にしていることと自分のエピソードがマッチしているか確認することをお伝えしました。

同じように「志望動機」も、自分と企業に由来する動機を結び付けて、それらが合致していると、入社意欲はより強固だと感じ取れます。

〈18 企業が大事にしていることと社会人基礎力〉で述べた、企業の「欲しい人材」で説明します。

N社の欲しい人材：自分の意志で進んでいくことができ、前向きに自分の道を切り拓いていける人

もしもあなたがN社の採用選考を受けているとして、次のエピソードがあったとします。どちらの「自分に由来する志望動機」を選択しますか？（どちらも本当のこととします）

Ａ英文学を大学で専攻していて、英語圏に年一回は旅行をして現地の人と交流するのが好きです。この外国でコミュニケーションをとってきた経験を貴社で活かしたいです。

Ｂ英文学を大学で専攻していて、英語圏に年一回は旅行をしています。海外では同じ国でも様々な言語が飛び交っていて、英語以外も必要だと感じ、スペイン語、フランス語も積極的に勉強しました。

N社は「自分の意志で進む」「前向きに」を欲しい人材にしているので、「スペイン語、フランス語にも積極的に」という主体性のあるBを選択すべきでしょう。

では、次はどちらでしょうか。

T社の欲しい人材：既存の製品に甘えず、今以上に世の中に評価される商品を開発する、高い志と実行力を兼ね備えた方

[C]大学の材料実験で、素材を溶かして金属に接着する授業がありました。素材は火力バーナーで溶かすのですが、周りの金属を変色させてしまうことに気づき、電気で溶かしてみました。電気だと必要な部分だけ熱を加えることができました。このように私は改善をするのが得意なので、貴社の開発をやってみたいです。

[D]大学の材料実験で、素材を溶かして金属に接着する授業がありました。素材は火力バーナーで溶かすのですが、なかなか思うように熱が伝わらず、諦めてしまう人もいましたが、手が痛くならないように、周りに声をかけて交代で熱を加えて、接着に成功しました。この粘り強さを貴社で活かしたいです。

CとDどちらも企業からは欲しがられる傾向の人材ですが、T社の場合は「既存の製品に甘えず、今以上に世の中に評価される」とあるので、課題解決の力があるCの方が有利でしょう。

企業の採用選考は、合うか合わないかが重要です。企業の要求している質問に答える時は、自己PRも、大学時代に頑張ったことでも、志望動機の自分に由来する動機も同じで、それが企業と合っているかどうかです。前述の例のAとDの答えも、それだけを見れば良いものですが、企業の欲しい人材に応えているかどうかでみると評価が変わります。

しかし、これまでにもお伝えしましたが、無理に企業に合わせるのは危険です。入社したとしてもミスマッチを起こす可能性があるので、そこは意識して準備して下さい。

志望動機に関して、補足説明をします。

主に専門的な分野を専攻している学生さんは、それと関連のある業務を行っている企業を志望すると思います。例えば、IT系を専攻している学生さんはシステムエンジニア職、経済学や経営学なら金融機関、語学なら外資系や海外取引のある企業、介護系を専攻していれば病院や介護施設などが中心になるでしょう。

介護系ならば、「私は介護系の学科で実習も行ってきました。その知識と経験を活かして貴社の介護施設で働きたいです」という、大学の専攻分野を活かした「自分に由来する志望動機」は間違っていません。企業もその分野と近い学生さんを是非、採用したいと考えます。ただ、こうした場合は、「自分に由来する志望動機」は専攻分野の話で構わないのですが、その他に聞かれる質問（自己ＰＲなど）では、「企業が大事にしていること」や「欲しい人材」に合ったものを一つは言うようにしましょう。全部の質問を、企業が大事にしていることや欲しい人材に合わせる必要はありませんが、欲しい人材に合った答えがあれば、内定（内々定）を得るのに近くなります。言い換えると、合った答えがないと、その企業とマッチしているか、よく考える必要があるでしょう。

前のテーマでは、「自分に由来する志望動機」と「企業に由来する志望動機」を用意することをお話しし、このテーマでは、企業が大事にしていることとできるだけマッチすることを確認・答えることをお伝えしました。

☑ work

次のB社、I社の「欲しい人材」に応えるように、両社、少なくともどちらか一社の「自分に由来する志望動機」を作ってみましょう。（50～１００字）

B社の欲しい人材：柔軟な発想を持ち、チャレンジし続ける人。
I社の欲しい人材：強みがある人、やりたいことがはっきりしていて行動を起こせる人、コミュニケーション力が高い人。

解答例

これまでの基礎を踏まえて作りましょう。
〈8　答えは一つに絞る〉のとおり、相手が頭の中で具体的に絵が描けるように。
〈9　詳細を具体的に〉のとおり、副詞や形容詞、曖昧な名詞などのNGワードに気をつけて。
〈10　〝凄いこと〟は必要ない〉〈11　〝普通〟や〝ネガティブ〟を強みに〉のとおり、エピソードは結果の良し悪しでなく、自分の性格や行動を詳細に伝えましょう。

22

エピソード作り

ポイント
就職活動には複数のエピソードが必要。エントリーシート、面接に向けてエピソードをたくさん用意する。

これまでのワークで、たくさんエピソードを作成してきました。それらを列挙すると、次のとおりです。

「大学時代に頑張ったこと」→〈7 就職活動での構文作り〉
「長所・短所」→〈8 答えは一つに絞る〉
「自己PR」→〈10 〝凄いこと〟は必要ない〉

「ネガティブな出来事を乗り越えた（乗り越えようとしている）エピソード」
↓〈11 〝普通〟や〝ネガティブ〟を強みに〉
「周りの友人から、あなたはどんな人だと言われますか？」
↓〈19 企業とエピソードのマッチング〉
「自分に由来する志望動機」↓〈21 志望動機 ——企業と自分の相性〉

このように、採用選考ではあなた自身のエピソードが重要になります。

就職活動の構文は、「答え ＋ 理由・エピソード ＋ 結論」とお伝えしました。これは多くの質問にも使える構文です。そして、どの質問にも、その理由付けとして「エピソード」が入ることがほとんどです。これまでのまとめに近いですが、就職活動の準備としては、自分の過去を振り返り、エピソードをできるだけ多く用意しておくことが鍵となります。そうしておけば、企業にエントリーシートを提出する時や面接の場面では、その企業が大事にしていることに合ったエピソードを選択すればいいだけとなります。

次は、これまでのワークで作成したエピソード作りの追加をしましょう。自分の過去を整理するためにもなります。ワークのすべてを埋める必要はありませんが、時間をかけてゆっくり考えて下さい。どうしても何も出てこない場合は、家族や知人に聞いて、あなた自身についての思い出を語ってもらうのもいいでしょう。

このワークは必ず、ノートやパソコンで作成しましょう。やっと思い出しても忘れてしまってはもったいないです。パソコンの場合は、印刷して確認して下さい。画面の情報を紙に印刷することで新たに気づくこともあるので、それを確認して修正して下さい。

就職活動では、あなた自身のことを説明するために必ず「エピソード」が必要になります。エピソードが一つだけだと、あなた自身を理解・説明するにも、あなたに合う企業を探すにも、選択肢が少なくなります。複数のエピソードを用意することで、自分の持つ能力の広がりを理解でき、また、企業とのマッチングの可能性も広がります。

☑ work

次の項目を、就職活動用にエピソードとしてできる限り用意しておきましょう。

字数は100〜300字程度ですが、ここでは「用意する」ことが目的なので、字数は実際に使う時に調整して下さい。

また、各項目のエピソードは複数用意しても構いません。実際に使う時に選択しましょう。

●大学を選んだ理由
●学部・学科を選んだ理由
●興味のある授業とその理由
●単位を取るのに苦労した授業と理由
●自分の成績と感想
●部活やサークルで頑張ったこと、もしくは苦労したこと
●アルバイトで頑張ったこと、もしくは苦労したこと（ボランティアなど社会活動も可）
●友人など、周りの人との出来事
●卒業論文（研究）のテーマと内容（決まっていない方は希望や予定）

解答例

これまでの基礎を踏まえて作って下さい。これらの項目以外にあったらそれも可ですが、就職活動に相応しいか確認して下さい。それも含めて周りの人やキャリア・就職担当部署で添削してもらうのも効果があります。

内容は大学時代のエピソードをメインにし、さかのぼっても高校時代までとしましょう。

一　実践と内定後

23 適性検査対策

ポイント
先輩の体験記を参照して、適性検査の種類を認識し、対策する。

適性検査（筆記試験・性格検査を含む）は、就職活動の準備では決して怠れない事項です。

その種類は、代表的なものとして、テストセンター、WEBテスティングサービス、SPI、玉手箱、一般常識、CAB・GAB、SCOAなどがあります。これらの検査は、専門の業者が作成していて、その業者は一〇社以上あります。

採用選考を行う企業が、その採用選考に合った検査を選択し、業者に費用を出して使用するのが一般的です。企業で独自に作る場合もあります。

採用選考で、その結果をどのように使うかは、次のように企業により異なります。

・ある一定の点数に達しなければ、次の選考（面接など）に進めない
・採用選考全体（書類選考・面接など）の点数の一部分
・ボーダーラインの応募者が複数名いた時に、その結果を基に絞る
・面接と同日に行い、いくら面接が良くても、基準に達しなければ不採用
・検査のある一部分を重要視し、そこの正解率が低いと不採用
・参考程度にするだけ

種類も結果の使われ方も様々ですが、どのように対策すればいいかをお伝えします。

まず、出題頻度の高い検査の対策をしましょう。ＳＰＩと玉手箱は、使用される頻度が高いです。適性検査のうち、合計するとこの二つで約七割の企業が使っていると言われます。つまり、学生の皆さんが採用選考を一〇社受ければ、三〜四社はＳＰＩ、三〜四社は玉手箱に当たるような確率です。

現在、ＳＰＩはパソコン上で受けるのが主流ですが、これを会場に行って受けるのがテストセンターで、自宅などのパソコンで受験するのがＷＥＢテスティングサービスになっています。その二つの基はＳＰＩです。玉手箱もＷＥＢ版があります。

対策としては、大方受験することになるＳＰＩと玉手箱は、三年次の夏休みを利用して、市販されている問題集で対策を終えてしまうことです。一冊を一通り実施し、できなかったところを復習する流れです。

そして、就職活動前年（主に三年次）の冬までに、志望企業がある程度見えてくると思いますので、あとはあなたの志望企業が使いそうな適性検査を調べ、対策をしましょう。例えば、先輩の体験記などを参考に、それらの企業がどの検査を使っていたかを調べることができます。体験記はご自身の所属大学のキャリア・就職担当などの部署にあることもあります。その中にＳＰＩと玉手箱以外があれば、その時点から問題集を使用し、対策を行って下さい。

企業は、適性検査は、毎年続けて同じものを採用する傾向にあります。企業にとっては採用選考で違う検査を使用すると、年によって採用基準がバラバラになるので、例年同じものを使わざるを得ないことが多く、それを傾向としていいでしょう。そうなると、先輩の体験記を参考に、どの検査が出されるか調べるのが対策につながることとなります。

適性検査は、受験するほど経験値が上がっていきます。次のテーマでお話ししますが、面接と同じように「慣れる」ことも大事です。

特に、テストセンター、WEBテスティングサービスといったパソコンの画面上で解く問題は、決められた時間が経つと次の問題に移ってしまいます。学生の皆さんがこれまで受けてきた、高校受験や大学受験などのペーパーテストとは違うので、慣れが必要です。

☑ work

就職活動の前年（三年次）の場合は、SPI、玉手箱などの問題集を入手して、練習しましょう。

採用選考直近で対策を行っていない場合は、その企業の過去の事例を調べて傾向をつかみ、該当の問題集で練習しましょう。

24 面接対策

ポイント
面接の基礎を踏まえ、「習うより慣れよ」で、何度も回数を重ねて経験を積む。

面接は採用選考の中で必ず課され、最も重要です。その面接の対策についてお伝えします。

(一) 面接の種類

面接の種類と回数は企業によって様々ですが、回数が重なるごとに、責任のある立場の人が出てきます。
面接には、大きく分けると次のような種類があります。面接回の早い順番から記載します。

グループディスカッション

学生：一グループ数名～一〇名程度。一部屋に一グループ～数グループ。
企業：主に採用担当者、一名～数名。
時間：10分～1時間程度。
内容：あるテーマを与えられ、グループの中で話し合う。リーダー、タイムキーパー、書記、報告者などの役割分担を決めることもある。最後に結果を発表する。
対策：採用担当者は複数のグループのディスカッションを見ることが多く、その場合は印象が評価される傾向が大です。例えば、発言の回数、発言時間の長さ、声の適度な大きさ、他の意見を聞く表情、参加する態度、与えられた役割を実行しているかなどです。発言内容よりも、その人の全体の印象が評価者の脳裏に残ります。
また、採用選考はビジネスの場なので、学生同士でも「です・ます」調の言葉を使いましょう。〈12　第一印象は重要〉〈6　最初に「答え」を〉〈7　就職活動での構文作り〉〈8　答えは一つに絞る〉などを使うといいでしょう。また、役割については、自分に向いた役を希望するようにしましょう。例えば、無理にリーダーを引き受けても、役割を担いきれなければマイナス評価となります。

集団面接

学生：数名～一〇名程度。
企業：主に採用担当者や課長・部長などの管理職、一名～数名。
時間：10分～1時間程度。

個人面接

学生：一名。
企業：主に採用担当者や課長・部長などの管理職、社長などの役員、一名～数名。
時間：30分～1時間程度。

（二）面接の対策

面接の内容は、自己ＰＲ、志望動機、大学時代に頑張ったこと、長所・短所、特技、資格、企業への質問など、多岐にわたります。それに対する対策は次のとおりです。

本書『就活の基礎』を活用する

この本でこれまで述べてきた基礎を活用して臨んで下さい。簡潔ではありますが、学生の皆さんにこれまで説明してきたことのほとんどが、この面接を乗り切るためです。〈5 就職活動は〝営業〟活動〉から〈22 エピソード作り〉まで、直接面接に活用できます。これらで理解したこと、行ってきたワークの内容を使って、後述する面接練習を行い、企業での面接に臨んで下さい。

ただし、実際の面接の場では、すべて暗記したものを棒読みするのは印象が悪くなります。頭の中で覚えた記憶を活用することはあっても、面接官と「会話をする」ことを念頭に臨むのが基本です。一方的に発言する、または逆に一方的に受け身になるのでは、会話とは言えません。これまでにも述べましたが、企業側は、あなたが入社したらどのようにコミュニケーションをとるか、どのように働くかを面接で計っているのです。

大学の「就職支援行事」に参加する

就職ガイダンスなど、大学で行われる就職支援行事では、その大学の学生さんの傾向や、過去に多くの卒業生が受けてきた採用選考の経緯などをもとに、厳選した情報を学生の皆さんにお伝えしています。また、大学によっては、面接に特化した講座や模擬面接などの行事もあるので、それらを積極的に活用して下さい。個別に就職担当窓口に依頼すれば、面接練習も実施してくれるでしょう。それは個別にフィードバックしてくれるので、大変有意義となるはずです。

先輩の体験記を参照する

学生の皆さんの先輩たちが後輩のためにと残してくれた記録があれば、参照しましょう。そこには、面接の回数や時間、聞かれた内容など、貴重な記録が書かれています。その中にあなたが面接をする企業があるかどうか、事前に必ず検索し、確認しましょう。

大学によっては、キャリア・就職担当部署、もしくは学部・学科の事務室などに、先輩の体験記が保管されていることがあります。

面接練習をする

研究室の同僚や友達など、周りの仲間同士で面接練習を行い、お互いにフィードバックすると、客観的な評価を得られるでしょう。ただ、仲間同士では恥ずかしさがあって、なかなかできないこともあります。そういう場合は、自分一人で動画で撮影して見ることをお勧めします。質問内容は、先の先輩の記録を予め用意しておき、それに答えるのがいいでしょう。

経験回数を増やす

面接は回数を重ねるごとに経験値が上がり、要領をつかむことができます。諺の「習うより慣れよ」があてはまります。回数を重ねるには、本番の面接を何度も受けるのが効果的ですが、前述のように、大学のキャリア・就職担当部署や指導教員、同僚などとの練習でも経験を積み重ねることができます。

(三) オンライン面接

面接についても、新型コロナウイルスの感染防止を目的に、オンライン化が普及しました。感染症が落ち着いたあとも、オンライン面接と、企業に来社して実施する面接は併用されるでしょう。特に序盤のグループディスカッションや一次面接は、オンラインで実施される場合が考えられます。そして、最終面接など選考の終盤では、直接顔を合わせる傾向が多くなると思います。

ここではオンライン面接の対策についてお伝えします。オンラインの場合は、学生の皆さんの雰囲気、つまり、話し方や表情、明るさなどの見た目がポイントになるようです。オンラインだと画面の表示の中で「顔」が大部分を占め、話し声は肉声よりも聞き取りにくくなります。つまり、見た目のウェイトが大きくなるので、〈12　第一印象は重要〉を踏まえて選考に臨みましょう。オンラインでは対面より聞き取りにくいことがあるので、これまで述べてきた〈6　最初に「答え」を〉を意識して発言するのがよいでしょう。

また、オンラインで面接を実施している最中は、事前に書いた活字物（カンペ）は見ないようにしましょう。目線が画面から外れているのがはっきりと分かり、印象が悪くなりやすいためです。

以上、就職活動のクライマックスである面接について説明しました。面接では、基礎を踏まえて準備することと、「習うより慣れよ」の気持ちで回数を重ねるようにしましょう。

行き詰まったと感じたら、基礎を見直したり、大学のキャリア・就職担当部署などに相談したりして下さい。

☑ work

面接を控えている場合は、是非、ご自身の所属大学のキャリア・就職担当部署などで面接練習を依頼して下さい。その際、先輩の体験記があれば、その内容を参考に面接練習してもらえるとさらに効果的でしょう。

25 内定（内々定）を取ったあとは

ポイント
複数の内々定がある場合は早めに処理する。お世話になった方々にお礼をする。

学生の皆さんが行った就職活動の結果、やがて内定（内々定）を得る時期が来ることでしょう。喜んだり安心されたりするでしょうが、その後にしなければいけないことがいくつかあります。

（一）感謝する

内定を貰ったことは、自分の力ですから、それを信じてください。ただ、学生の皆さんを応援・心配していて下さった方やお世話になった方、例えば、両親や家族、先生、先輩、友達、企業の採用担当者の方々などがいます。それらの方々に感謝の気持ちを表すことは、とても大事なことです。

（二）卒業（修了）と残りの大学生活

内定は「就労始期付解約権留保付労働契約」と言われ、新卒の場合、通常は大学の卒業（大学院生は修了）を条件に、主に四月一日から働き始める契約になっています。つまり、卒業（修了）しないと入社できないということです。内定を貰っても卒業するまでは学生ですから、残された学業をしっかりと成し遂げましょう。

また、残り少ない学生生活にモラルを持って過ごすことも大事です。学生でも社会人になっても、社会に貢献し、ルールから外れたことをしない責任が皆さんにはあります。節度を持って、残りの学生生活を有意義に過ごして下さい。社会人になると自由に使える時間が限られるので、是非、学生時代にしかできない経験をすることをお勧めします。

（三）複数の内々定について

就職活動の結果、内定（内々定）を取ることは目的の一つですが、複数の内々定を貰うことは、一つ問題が増えることになります。それは、どの企業に入社するか決めなければならないからです。

複数の企業から内々定を得た場合、大学から推薦を貰っていたり、第一希望がはっきりしていたりしたら、すぐに選択できるので迷うことはありません。けれども、どの企業に入社するか判断に迷う場合は、時間は余りありませんが、焦らずに考えましょう。

決定の手がかりとしては、自分の「能力（得意なこと）」「興味（やりたいこと）」「価値観（重要だと思うこと）」に、どこの企業が一番近いか、また前述の「社会人基礎力」のうちで、自分が持っている能力と近い企業や勤務地・給与・福利厚生、直近のことだけでなく将来的な展望・計画などを判断基準として選ぶといいでしょう。

キャリアは自分で決定するのが前提ですが、進路選択の際は、身近な人に報告・相談しましょう。大学のキャリア・就職担当部署でも相談を受け付けてくれます。

入社企業が決まったら早めに、入社する企業にはその意思を伝え、他の企業には入社の意思はないことを伝えましょう。どちらの場合も、特に指示がない場合は電話で伝えます。電話とメールの両方で連絡しても構いません。

メールや企業ホームページの問い合わせフォームで送信のみという連絡手段もありますが、それらは送信者の一方的なツールです。相手に相談し、答えを得ることができないだけでなく、送信したメールを相手に見過ごされてしまうこともあります。企業の採用担当者は、数多くの志望者の処理をしているため忙しく、メールも毎日数多く受信します。そのため電話で連絡して、企業に自分の意思を伝え、企業から指示があったら、それに応じる流れになります。もし、企業側の指示に困ったり、行き過ぎた指示だと感じたりしたら、大学のキャリア・就職担当部署などに相談しましょう。

また、すぐに連絡をすることは、他の志願した学生さんのためにもなります。逆に遅い連絡はトラブルのもとです。企業の採用活動に無用の時間とコストをかけることになるからです。

（四）入社前研修

卒業するまでには、企業が行う内定式、社員や内定者との懇談会、研修会、自宅研修などがあると思います。それらはその企業で働くためのものですから、できる限り応じるべきでしょう。ただ、無理な要求があったら、企業に相談しましょう。企業に相談できない場合は、大学のキャリア・就職担当部署などに相談して解決方法を模索して下さい。

卒業（修了）までは、皆さんは学生ですから、それに向けて学業を行うことが先なので、企業研修に対応するのはそれが前提と考えられます。

（五）大学への報告

ほとんどの大学では、就職活動の報告書などを提出する必要があると思います。大学の連絡に基づき、必ず報告して下さい。大学では指導教員やキャリア・就職担当部署など、学生の皆さんの活動状況と結果に常に気を配っています。報告することで、まだ就職活動が終わっていない学生さんに注力することができ、仲間を救うことにつながります。また、皆さんの報告書（活動体験記）などは、活動を終えていない学生さんと後輩に活かされることでしょう。

このように、内定（内々定）を取ったらそれで終わりではありません。（一）～（五）を参照し、最後までやり切って下さい。

おわりに

いかがでしたでしょうか。

この本を活用してスムーズに就職活動を終わらせ、残りの大学生活で、将来のために自己研磨したり、学業・研究活動で新たな発見・発明をしたり、大学生活でしかできないことに時間を使って下さい。

近年の大学生が誕生してからこれまでに、大きな出来事がいくつもあったと思います。二〇一一年の東日本大震災、二〇一六年の熊本地震、また、台風などの被害も数々ありました。被災された方々には心からお見舞い申し上げます。振り返ってみると、それらの災難を人々は乗り越えてきています。

例えば、東日本大震災の被災地では、その経験から地震や津波への対策を講じたり、福島第一原子力発電所の事故を教訓に、エネルギーのあり方が見直されたりなど、災難にあっても復興・発展を繰り返しています。これらのその後の活動は、私たちに物凄いパワーを与えてくれます。

現在は新型コロナウイルス感染症の災難の真っただ中です。これは日本全国だけでなく、世界中が被災地と言えます。三密を避ける、マスクを着用する、不要不急の外出自粛など、これまでと違った生活を強いられています。そして、その災難を乗り越えようと、在宅勤務の推進、遠隔機器使用の加速、ワクチン・治療薬の開発など、様々な努力がなされています。新型コロナウイルス感染症の災難が終息しても、それらの中で有益なものは、今後も社会に活用され続けるでしょう。

これから皆さんは数十年の長きにわたって社会に貢献する立場になります。これからの社会を担う宝です。長い年月の間には、成功することも、つまずくこともあるでしょう。おそらくつまずくことの方が多いと思います。けれども、そのつまずきは、その結果にかかわらず、「解決に向かって進むこと」により社会を発展させていくのだと考えて下さい。

最後に、この本を活用して、学生の皆さんの就職活動が無事に終了し、その後、社会で活躍されることを祈念いたします。

二〇二一年一〇月

角田　剛紀

著者プロフィール

角田 剛紀（つのだ　たけのり）

東京電機大学職員
長年にわたりキャリア・就職担当の業務を経験。NHKや日本経済新聞などからも取材を受ける
キャリアコンサルタント（国家資格）
JCDA認定CDA（キャリア・デベロップメント・アドバイザー）

就活の基礎 大学キャリア・就職担当職員が伝えたいこと

2021年12月15日　初版第1刷発行

著　者　角田 剛紀
発行者　瓜谷 綱延
発行所　株式会社文芸社
〒160-0022　東京都新宿区新宿1－10－1
電話　03-5369-3060（代表）
03-5369-2299（販売）

印刷所　株式会社フクイン

ISBN978-4-286-22898-3